Woesner Brothers

Chaos in Verona
Die wahre Geschichte von Romeo und Julia

Eine Komödie – sehr frei nach Shakespeare

AF191252

Woesner Brothers Entertainment

Bibliografische Information der Deutschen Bibliothek:

Die Deutsche Bibliothek verzeichnet diese Publikation in der Deutschen Nationalbibliographie; detaillierte bibliografische Daten sind im Internet unter http://www.dnb.d-nb.de abrufbar.

Woesner Brothers Entertainment GbR – Theaterproduktion
Ingo und Ralph Woesner, 2008
Rykestraße 37, 10405 Berlin
Tel.: 030 / 440 990 4 — Fax: 030 / 44 05 43 49
eMail: kontakt@woesner-brothers.de
www.woesner-brothers.de

Die oben genannten Verwertungsrechte liegen bei:

© **Gallissas Theaterverlag und Mediaagentur GmbH**
Bettina Migge
Wielandstraße 17, 10629 Berlin
Tel.: 030 / 31 01 80 60 - 20 — Fax: 030 / 31 01 80 60 - 10
eMail: bmigge@gallissas.com
www.gallissas.com

Herstellung und Verlag: Books on Demand GmbH, Norderstedt
Werk-Text: Ingo und Ralph Woesner
Umschlaggestaltung und Satz: Ingo Woesner
2. (überarbeitete) Auflage
Printed in Germany

ISBN-13: 978-3-8370-5519-1

FIGUREN

Die Montagues

1	Romeo – Sohn der Montagues
2	Graf Montague – ein alter Haudegen im Ruhestand
3	Abraham – ein Diener der Montagues
4	Balthasar – ein Diener der Montagues
5	Mercutio – ein schwuler junger Mann, in Romeo verliebt
6	Benvolio – ein vom Leben gelangweilter Dandy, mit Romeo befreundet

Die Capulets

7	Julius – Sohn der Capulets
8	Graf Capulet – ein lüsterner Alter
9	Gräfin Capulet – seine vertrocknete Ehefrau
10	Amme – eine bauernschlaue Alte, Julius Ziehfrau
11	Tybalt – ein Choleriker
12	Simson – ein Diener der Capulets
13	Gregorio – ein Diener der Capulets
14	Bartholomäus – ein Diener der Capulets
15	Anton – ein Diener der Capulets

Die weiteren Figuren

16	Die Fürstin – die Regierende Veronas
17	Gräfin Pariser – eine in die Jahre gekommene Lebedame
18	Pater Lorenzo – ein genußfreudiger Beichtvater
19	Bruder Marcus – ein schlitzohriger Mönch

ORTE UND ZEIT DES GESCHEHENS

Verschiedene Schauplätze in Verona. Vor vielen hundert Jahren.

ANMERKUNGEN ZUR BESETZUNG

Im vorliegenden Text treten neunzehn Figuren in Erscheinung. Das Ensemble der Uraufführung bestand aus sieben Spielern (zwei Frauen und fünf Männern). Die Rollenverteilung sah folgendermaßen aus:

Schauspielerin	A:	Gräfin Capulet, Fürstin
Schauspielerin	B:	Gräfin Pariser, Amme
Schauspieler	C:	Romeo, Graf Capulet, Gregorio
Schauspieler	D:	Julius, Benvolio, Simson
Schauspieler	E:	Pater Lorenzo, Graf Montague, Bartholomäus
Schauspieler	F:	Mercutio, Bruder Marcus, Abraham
Schauspieler	G:	Tybalt, Anton, Balthasar

I. AKT – 1. Szene

Öffentlicher Platz

Auftritt Simson und Gregorio, zwei Bediente der Capulets.

SIMSON	Nein, nein, nein. Widersprich mir nicht immer. Ich sag' dir, wenn ich zornig bin, werd' ich zum Pulverfaß!
GREGORIO	Tatsächlich?
SIMSON	Natürlich! Das gilt besonders für die Montagues. Von denen braucht mir nur einer über den Weg zu laufen, schon ist der Funke da.
GREGORIO	Im Ernst?
SIMSON	Na hör' mal, bin ich nun ein Pulverfaß oder bin ich kein Pulverfaß?!
GREGORIO	Ich finde, du bist eher eine Flasche.
SIMSON	Was? Na gut, wie du meinst. Aber wenn schon eine Flasche, dann eine Brandflasche. Ein Funke, und ich steh' in Flammen. Und so macht mich schon der Geringste von den Montagues zur Bombe, die Verona in Schutt und Asche legt.
GREGORIO	Das will ich hoffen, da hinten kommen zwei von den Montagues!
SIMSON	Ich muß plötzlich geh'n. Mach' du sie schon mal fertig, ich komm' später wieder und erledige den Rest.
GREGORIO	Den Rest von mir?
SIMSON	Blödsinn, schneid' ihnen einfach ein Gesicht, dann kriegen sie Angst und laufen weg.
GREGORIO	Aber wie schneidet man ein Gesicht?
SIMSON	Herr im Himmel, so zum Beispiel.

Simson schneidet eine Fratze. Auftritt Abraham und Balthasar, zwei Bediente der Montagues.

5

ABRAHAM	Schneidet Ihr uns ein Gesicht, mein Herr?
SIMSON	Was, wie? Ich? Nein! Nein!
GREGORIO	Doch, doch, er schneidet, mein Herr!
	zu Simson Nun mach' schon, das war der Funke!
SIMSON	Das war noch lange kein Funke!
GREGORIO	Nein? Na dann besorg' ich dir Einen.

Nun schneidet auch Gregorio eine Fratze, absichtlich in Richtung der Montagues.

BALTHASAR	Jetzt hat uns auch der andere ein Gesicht geschnitten. Das heißt, wir müssen Händel anfangen.
ABRAHAM	Nein!
BALTHASAR	Doch!
ABRAHAM	Der hat vielleicht was mit dem Gesicht! Es gibt ja so Leute, die immer zucken müssen!

Abraham zuckt mit dem Gesicht, um zu verdeutlichen, was er meint.

GREGORIO	Na bitte, nun hat der uns auch ein Gesicht geschnitten! Also wenn das kein Funke war!
SIMSON	Halt' doch das Maul, du Blödhammel!
BALTHASAR	Jetzt hat er uns sogar „Blödhammel" genannt!
GREGORIO	Ja, ja, kriegt ruhig Angst! Mein Freund hier ist eine leicht brennbare Flasche!
SIMSON	*zu Gregorio* Halt' doch die Gusche!
ABRAHAM	*zu Balthasar* Hast du das gehört?! Er hat gesagt, du bist 'ne Lusche! Nun mach' schon. Schlag' sie rot und gelb, sonst schlag' ich dich grün und blau.

Abraham läuft weg.

SIMSON	Siehst du, alles wegen dir! Und nun schlag' ihn grün und blau, sonst schlag' ich dich rot und gelb!
GREGORIO	Aber …
SIMSON	Ich nehm' mir inzwischen den vor, der geflüchtet ist. Viel Erfolg!

Simson läuft ebenfalls weg. Gregorio und Balthasar kämpfen. Auftritt Benvolio.

BENVOLIO	Holla, holla, ein Faustkampf, das ist putzig.
	Wer macht sich hier denn wieder schmutzig?
BALTHASAR	Helft mir, Herr, ich bin Not,
	der Capulet, er schlägt mich tot.
BENVOLIO	Ach, weißt du, zuschau'n würd' ich ja ganz gern,
	nur mitzuprügeln liegt mir fern.
	Hier hast du Geld.
	Nun sei ein Held
	und bring' mir zum Vergnügen
	den Widerstand des Capulet
	geschwinde zum Erliegen.
BALTHASAR	Lieber nicht, mein Herr, denn da kommt auch noch Tybalt!

Simson und Balthasar laufen weg. Auftritt Tybalt.

TYBALT	Ha, Benvolio, du eitler Geck, du Puderdose!
	Hast du so wenig Hintern in der Hose,
	daß selbst zum Kampf mit uns'rer Dienerschaft
	dir fehlt das bißchen Mut und Kraft?
BENVOLIO	Wenn mir was fehlt, dann der kleine Intelligenzquotient,
	wie man ihn von dir ja kennt!
TYBALT	Na wart', du Hund, dich mach' ich kalt!
BENVOLIO	Ihr Bürger, helft, ich bin in Not,
	der Capulet, er schlägt mich tot!

Tybalt verprügelt Benvolio. Stimmen von draußen.

OFFSTIMME	Schaut, schaut, ein Capulet hat sich 'nen Montague gekrallt!
OFFSTIMME	Ich tipp', es siegt der Capulet!
OFFSTIMME	Ich setz' auf Montague die Wett'!
OFFSTIMME	Die Wetten stehen Eins zu Eins!
OFFSTIMME	Das ist aber ungewöhnlich!
OFFSTIMME	Da kommen Montague und Capulet persönlich!

Auftritt Graf Montague und Graf Capulet.

MONTAGUE	Capulet, du aufgeblas'ner Hundedarm,
	mach' dich für meine Fäuste warm!
CAPULET	Montague, du alter Schuft bringst mich zum Kochen.
	Ich brech' dir deine morschen Knochen!
MONTAGUE	Bringt mir eine Lanze!
CAPULET	Durchbohren werd' ich diese Wanze!
TYBALT	Ich will ihn für Euch zerfetzen!
CAPULET	Nein, nein! Das ist eine Männersache,
	die ich ganz alleine mache!

Auftritt Abraham, ein Diener der Montagues.

ABRAHAM	Die Fürstin kommt! Die Fürstin kommt!
MONTAGUE/	
CAPULET	Mist!
MONTAGUE	*zu Capulet* Nur aus Mitleid hab' ich dich verschont.
CAPULET	*zu Montague* Papalapapp, du hast noch einmal Glück gehabt.

Auftritt Fürstin.

FÜRSTIN	Oh ihr grauenhaften, alten Männer!
	In meinem Städtchen wär' so schöne Ruh',
	gäb's nicht Euch Capulet und Montague!

Graf Capulet und Graf Montague und ihre Gefolge murren.

FÜRSTIN	Ich will nicht wissen, wer begonnen,
	noch will ich wissen, wer gewonnen.
	Für mich zählt einzig und allein:
	Ich hab' das Streiten untersagt,
	doch Ihr das Streiten trotzdem wagt.
MONTAGUE	Erlaubt, daß ich hier Einspruch übe:
	Er wollt' zuerst den Frieden brechen!
CAPULET	Nein, nein, ich bin wie immer ohne Schuld!
	Er begann mit Hau'n und Stechen!
FÜRSTIN	Seid still und geht mir aus den Augen.
	Wenn noch ein einz'ges Mal Ihr Krieg statt Frieden wählt,
	sind Eure Tage ein für allemal gezählt.

Fürstin, Graf Capulet, Tybalt und Abraham ab.

MONTAGUE   Benvolio, du bleibst! Was war hier los?
Gib' auf der Stelle mir Bericht!
Aber stell' die Schlacht schön blutig dar,
so schön wie's früher immer war.
Denn du mußt wissen:
Als ich in deinem Alter war,
da war'n wir eine Kriegerjugend,
und Kämpfe waren nicht so rar,
denn Straßenkampf war eine Tugend.

BENVOLIO   Nun, Graf Montague, blutigwilde Schlägerzoten,
wie in den alten Zeiten üblich,
hätt' auch ich Euch gern geboten.
Nur tut es mir ganz herzlich leid,
da just die Fürstin kam dazwischen,
blieb fürs Kämpfen keine Zeit.

MONTAGUE   Was? Wie? Das soll es schon gewesen sein?
Nicht eine Nase platt geschlagen?
Nicht ein gebroch'nes Bein?

BENVOLIO   Ich weiß, Ihr hättet's gerne so,
doch die Zeiten sind nicht mehr so roh!

MONTAGUE   Du lügst, zur Schonung deiner Bügelfalten
hast du dich einfach 'rausgehalten!
Ihr Jungvolk meidet Straßenkeile,
so ist nichts los in uns'rer Stadt,
und ich sterb' demnächst vor Langeweile!

BENVOLIO   Am besten ist doch der belehrt,
der vor der eig'nen Türe kehrt.

MONTAGUE   Was soll das heißen?!

BENVOLIO   Warum fragt Ihr nicht nach Eurem Sohn?

MONTAGUE   Romeo! Zielsicher legst du den Finger in die Wunde.
Was gibt's von ihm für neue Kunde?

BENVOLIO   Die Neue ist schon ziemlich alt:
Statt zu wuchern mit seinen Mannespfründen,
kriecht er im Morgennebel durch den Wald
und sucht durch Nachdenken das Weibsvolk zu
                 ergründen!

MONTAGUE	Dem Bengel fehlt doch jede Lendenkraft!
	Wahrscheinlich stammt er nicht von meinem Saft.
	Wenn ich nur wüßt', was er im Innern hegt!
	Könnt' ich in seinen Schädel dringen,
	in dem nur Dunkles sich bewegt!
BENVOLIO	Wenn's das nur ist, was laßt Ihr springen,
	wenn ich die Dunkelheit aus ihm vertreibe?
MONTAGUE	Lernt er durch dich das Finst're meiden,
	will ich mich gern spendabel zeigen.
BENVOLIO	Dann laßt mich einen Vorschuß seh'n!
MONTAGUE	Du bist ein clev'rer Weichensteller.

Er holt ein Geldstück aus der Tasche und gibt es Benvolio.

MONTAGUE	In Gottes Namen nimm und hol' ihn aus dem Keller.
BENVOLIO	Ha, da kommt er auch schon angewandelt.
	Seid sicher, der Tunnelblick wird ihm vergeh'n,
	hab' ich ihn erst spezialbehandelt.
MONTAGUE	Dein Wort in Gottes Gehörgang!

Graf Montague ab.

BENVOLIO	*zu sich* Und Euer Geld in meiner Börse.

Auftritt Romeo.

BENVOLIO	Hallo, mein Freund, ich wünsch' dir einen guten Morgen
ROMEO	Benvolio! Dieser gute Morgen ist wie ein Blick ins Ofenrohr.
BENVOLIO	*zu sich* Hm, der Auftakt war ein Eigentor.
	zu Romeo Romeo, verzeih', ich dacht', du wär'st ein Anderer.
	Sag' an, was quält dich so, mein düst'rer Wanderer?
ROMEO	Liebe ist es, unerfüllte Liebe, die mich so verzagt,
	die wie ein Holzwurm mir raspelnd an der Seele nagt!
BENVOLIO	Wie konnt' ich fragen! Natürlich unerfüllte Liebe!
	Hätt' mich gewundert, etwas anderes zu hören.
	Was machst du nur mit deinem Triebe,
	daß nie ein Weib sich läßt betören?

ROMEO	Was heißt denn „nie ein Weib"?
	Denk' nur an Sandraline, Clementine und Mandarine!
BENVOLIO	Nicht eine hast du angefaßt!
ROMEO	Aber sie mich!
BENVOLIO	Oh ja, als sie dir Ohrfeigen verpaßt.
ROMEO	Aber die Bärbel-Ingeborg war doch ein Treffer!
BENVOLIO	Auch die hat dich nur hingehalten,
	um vor dem Hauptgang zu erkalten.
	Von all den ander'n will ich gar nicht reden.
	Mal ist es die, mal ist es jene,
	dann ist's 'ne Alte ohne Zähne,
	worauf dann eine Junge folgt,
	die noch in ihrer Nase polkt.
	Nur eines ist bei allen gleich,
	nicht eine Einz'ge kriegst du weich.
ROMEO	Doch diesmal will ich ernsthaft hoffen,
	denn früher oder später ist Rosalindes Herz ganz
	sicher offen.

Romeo ab.

BENVOLIO	Rosalinde?! Romeo! Bist du verrückt geworden?
	Romeo, lauf' nicht weg!
	zu sich Rosalinde! Der Kerl ist übergeschnappt.
	Nicht mal jahrelang allein mit ihr auf einer kleinen Insel,
	gäb' Rosalinden ich zum Spielen meinen Pinsel!
	Romeo! Warte doch! Rosalinde ist keine Frau für dich!

Benvolio ab.

I. AKT – 2. Szene

Öffentlicher Platz

Graf Capulet und Gräfin Pariser treten auf.

CAPULET   Verehrteste Gräfin Pariser, ich muß das Drängeln
ganz entschieden doch bemängeln.
Obwohl ich das nicht passend find',
wollt Ihr die Eh' mit meinem Kind!
Mein kleines Söhnchen Julius ist
ein Frischling noch, wie Ihr ja wißt.
Während er erst achtzehn ist seit ein paar Tagen,
habt Ihr doch reichlich sechzig Jahr zu tragen.

PARISER   Was kann in seinen jungen Jahren
Eurem Julius Bess'res widerfahren
als eine Frau mit meiner reifen Kraft,
die mit Erfahrung ihm Erlösung schafft.

CAPULET   Wer vor der Zeit beginnt, der endigt früh.

PARISER   Das trifft nicht zu auf Liebesmüh'.
Da kommt durch sinnliche Erregung
der Kreislauf richtig in Bewegung.

CAPULET   Meine Gute, Ihr seid sehr gerissen,
Ihr sagt, gebt mir den Julius her,
doch sucht in Wahrheit Ihr ein gold'nes Kissen
und flugs sind meine Kassen leer.

PARISER   Mein lieber Graf, die ganze Stadt spricht unverhohlen,
daß aus Euren Kassen schon lang nichts mehr herauszuholen
Statt Säcke voller Gulden
stapeln sich bei Euch die Schulden.

CAPULET   Also gut! Angenommen, Ihr nehmt mein Söhnchen
mit nach Haus –
was springt für mich dabei heraus?

PARISER   Was wollt Ihr denn für Euer Kind?

CAPULET   Nun, da wir schon so offen sind:
Zehntausend müßten es schon sein …

PARISER	Das paßt in meine Planung 'rein.
CAPULET	Dazu noch einen schnellen Wagen?
PARISER	Auch dagegen ist nichts zu sagen.
CAPULET	Und außerdem …
PARISER	Und außerdem?
CAPULET	Gibt's für den Papa nicht ein Recht der ersten Nacht?
PARISER	Ich bitt' Euch, Graf, Matratzensport
	ist doch in Eurem Alter Mord.
CAPULET	Der Anschein trügt, ich kann noch sportlich mich verrenken,
	zwar hab' ich oben viele Falten,
	doch bin ich unten gut erhalten.
PARISER	Nun, ich will das Angebot bedenken.
CAPULET	Wunderbar, ich gebe heut' ein großes Fest,
	auf dem wird auch mein Julius sein,
	und wenn wir klären dort den Rest,
	dürft Ihr um meinen Julius frei'n.

Capulet klatscht in die Hände. Auftritt Bartholomäus, einer seiner Diener.

CAPULET	*zum Diener* Dies Papier mit vielen Namen
	ist uns'rer Gästeschar der Rahmen.
	Ein jeder ist verzeichnet hier,
	der heute ist willkommen mir.
	Geh', such' alle, die dort aufgeschrieben,
	sie mögen kommen nach Belieben.
	Doch gib mir acht, daß nicht zu viele kommen und
	daß auch keiner fehlt –
	die Plätze sind genau gezählt.
	zur Gräfin Wie wär's mit einem Tee?
PARISER	Sehr gern.

Graf Capulet und Gräfin Pariser ab.

BARTHOLOM.	Hm, nun hab' ich hier 'nen Zettel voller Zeichen,
	die irgendwie sich alle gleichen.
	Doch da ich nie zur Schul' gewesen,
	kann ich die Zeichen gar nicht lesen.

Auftritt Romeo und Benvolio.

BENVOLIO Romeo! Muß es denn sein, daß du einzig nur an
                    diesem Weibe hängst
          und gar nicht mehr an and're denkst?!
ROMEO   Solch' Schönheit wie die Rosalind'
          ich nie im Leben wiederfind'!
BENVOLIO Schönheit? Ich bitte dich! Das Weib wiegt reichlich eine Tonne,
          ist mindestens zwei Meter groß,
          lebt so enthaltsam wie 'ne Nonne
          und rülpst wie ein Rhinozeros.
          Und denkst im Geiste du sie nackt …
ROMEO   … krieg' große Lust ich auf den Akt!
BARTHOLOM. Ihr Herrn, verzeiht, daß ich ein Wörtchen sage
          und einfach dreist dazwischenfrage,
          ob Ihr so gütig seid zu mir
          und einmal schaut auf dies Papier.
BENVOLIO Was hast du da für einen Wisch?
BARTHOLOM. Mein Herr, Graf Capulet, lädt heut' zu Tisch.

Benvolio nimmt die Einladungsliste der Capulets.

BENVOLIO Sieh' an, sieh' an. Hier wird mit großen Lettern angepriesen
          ein Fest im Haus des Capulet,
          und dieser Kerl ist angewiesen,
          die Gäste einzuladen zum Bankett.
BARTHOLOM. Und wer, bitt' schön, ist dort benannt?
BENVOLIO Donnerwetter!
          Beinah' ein jeder, der in uns'rer Stadt bekannt.
BARTHOLOM. Das ist ja schon mal gut zu wissen.
          Aber könnt Ihr mir nicht Namen nennen?
BENVOLIO Die wirst du ja wohl selber kennen.
          Romeo, da mußt du hin!
ROMEO   Was macht denn das für einen Sinn?
BENVOLIO Versteh' doch, Romeo, um Rosalind' im Geiste
                    zu vergleichen
          mit all den Ander'n, all den Schönen, all den Reichen …

ROMEO	… vergleichen? Sie? Mit wem! Womit!
	Bei ihrem Anblick selbst die Sonn' erblaßt …
BENVOLIO	… weil sie kaum durch eine Türe paßt.
ROMEO	Genug des Hohns, sei endlich still.
	Mein Herz werd' ich ihr diese Stund' noch offenbaren,
	und sterben möcht' ich, wenn sie mich nicht will!

Romeo ab.

BARTHOLOM.	Wenn ich nochmals fragen dürfte …
BENVOLIO	Nein. Romeo! Lauf' doch nicht weg.
	Es war nicht so gemeint!

Auftritt Mercutio.

MERCUTIO	Benvolio! Gott sei Dank, daß ich dich treffe!
BENVOLIO	Ach, Mercutio! Ich hab' jetzt keinen Nerv für dich!
MERCUTIO	Romeo ist gerad' an mir vorbeigestürmt
	und hat mich nicht mal angeseh'n!
BENVOLIO	Dann ist er wohl vor dir getürmt!
MERCUTIO	Oh sag' das nicht, du brichst mein Herz!
BENVOLIO	Reg' dich ab, es war ein Scherz!
MERCUTIO	Warum nur tut er mir das an?
BENVOLIO	Weil er zur Zeit nicht anders kann.
	Er hat gerad' Augen nur für dieses Monster „Rosalind"!
MERCUTIO	Was, gerade für die? Ist er denn blind?!
	Doch ist er selbst an allem Schuld,
	er kümmert nur sich um die Weiber
	und mißachtet stur die Männerleiber.
BENVOLIO	Mercutio, glaub' mir, Romeo ist kein Kerl für dich!
	Es gibt so viele and're, schön're Männer.
	Schau', im Haus Graf Capulets steigt ein großes Fest
	noch heute,
	vergiß jetzt Romeo, den schnöden Penner,
	und schnapp' dir dort 'ne neue Beute.

Benvolio ab.

MERCUTIO	*zum Diener* Nun zeig' schon her den blöden Wisch.
BARTHOLOM.	Oh sagt mir bitte, wer ist geladen dort zu Tisch!
MERCUTIO	*die Einladungsliste der Capulets nehmend*
	Oh, der und der und sogar der!
	Himmel, das ist ein ganzes Männerheer
	voller kapitaler Hirsche!
	Also wenn ich auch dort erfolglos pirsche,
	will ich ab heute „Sigrid" heißen.
	dem Diener die Liste zurückgebend
	Vielen Dank, mein kleiner Süßer …

Mercutio ab.

BARTHOLOM.	Nun steh' ich hier, ich armer Thor,
	und bin so dumm als wie zuvor.
	dabei die Einladungsliste zusammenfaltend
	Egal, ich gehe jetzt durch uns're Stadt,
	und wer ein nettes Lächeln hat,
	den lade ich auf reichlich Bier und guten Wein
	zum Feste meines Herren ein.

Er wirft die Liste weg und geht ab.

I. AKT – 3. Szene

Ein Zimmer im Hause der Capulets

Auftritt Amme.

AMME	Julius! Julius! Wo bist du denn, mein heiß geliebter Schatz?
	Willst du nicht zu deiner Amme eilen?
	Versteckspiel ist jetzt fehl am Platz,
	deine Mutter hat dir etwas mitzuteilen!

Auftritt Gräfin Capulet.

GRÄFIN CAP.   Nun, Amme, wo treibt sich unser Bengel 'rum?
AMME   Ich hatt' ihn gerad' erst aufgeweckt,
              nun hat er plötzlich sich versteckt.
GRÄFIN CAP.   Unglaublich, der Bengel lag bis jetzt noch in den Federn?
              Während wir für ihn das Letzte geben,
              führt unser Sohn ein Lotterleben.
              Wann war zuletzt er in der Beichte?
AMME   Es ist wohl etwas länger her;
              er mag die Kirche nicht so sehr.
GRÄFIN CAP.   Hätt'st du ihn nicht so sehr verwöhnt,
              wär'n ihm Zucht und Ordnung nicht verpönt.
              Doch ist das alles nun egal,
              denn der Müßiggang hat bald ein Ende.
AMME   Oh! Darf ich, worum es geht, erfahren?
GRÄFIN CAP.   Wo bleibt, verdammt noch mal, der Junge?!
              Ich will ihm Wicht'ges offenbaren.
AMME   Ich ruf' nach ihm mit flinker Zunge!
              Julius! Julius! Schnell! Schnell! Julius!

Auftritt Julius.

JULIUS   Was kann am frühen Morgen denn so wichtig sein,
              daß alle derart nach mir schrei'n?
GRÄFIN CAP.   Mein Sohn, mein Kind, du weißt,
              deine Eltern müh'n sich unverdrossen,
              das Beste nur für dich zu tun,
              weshalb dein Vater auch beschlossen,
              daß du reif genug nun bist,
              um am eigenen Leibe zu erfahren,
              daß das Leben eine Prüfung ist.
JULIUS   Lange Rede, Mama, kurzer Sinn –
              was steckt in der Botschaft drin?
GRÄFIN CAP.   Vorlaut warst du schon als kleines Kind,
              wie gut, daß ein and'res Leben nun beginnt.
              Denn dein väterlicher Beirat
              hat beschlossen deine Heirat.
AMME   Eine Heirat? Jesus Maria! Ist für einen Eheschein
              nicht unser Julius noch zu klein?!

17

GRÄFIN CAP.	Für „noch zu klein" ist er schon reichlich groß.
AMME	Ja doch im Körperlichen bloß.
JULIUS	Da ich alt genug bin, selbst zu sprechen,
	bin ich so frei zu unterbrechen.
	Eine Heirat kann noch mich nicht verlocken!
	Erst einmal will ich das Leben kosten,
	statt schon jetzt im Eh'gefängnis zu verrosten!
GRÄFIN CAP.	Mein Kind, dies Angebot vom Tisch zu fegen,
	wirst du dir reiflich überlegen.
	Der Nam' der Braut ist dir recht gut bekannt:
	Eine Frau ist es aus bestem Kreise,
	auf die ich nachdrücklich verweise.
	Du kennst doch wohl Gräfin Pariser?
JULIUS	Nein! Was! Gräfin Pariser! Die?!
	Seit Jahren ist sie Stadtgespräch!
GRÄFIN CAP.	Eine noch bess're Partie wirst du kaum kriegen;
	mit purem Gold ist sie nicht aufzuwiegen.
JULIUS	Ich bin nicht sicher, ob wir von derselben Dame reden.
	Meinst du etwa jene stadtbekannte Eine,
	die über sechzig ist und furchtbar häßlich
	und die fast jeder einmal nannt' die Seine?
GRÄFIN CAP.	Ihr Name hat den besten Ruf!
JULIUS	Weil sie in besten Betten ihn erschuf!
GRÄFIN CAP.	Es ist nicht wichtig, ob sie dir gefällt.
	Entscheidend ist nur: Sie hat Geld.
JULIUS	Ja, davon hat sie reichlich viel!
	Doch mir egal, vergeßt den Deal!
	Die Alte nehm' ich nicht, für nichts und niemand in der Welt!
GRÄFIN CAP.	Ich duld' nicht länger das Geschrei,
	deine Meinung ist mir einerlei!
	Dein Vater gibt heut' Nacht ein Fest,
	zu dem die Gräfin auch geladen,
	um zu besprechen dort den Rest.
	Dort erscheinst du dann in besten Kleidern,
	fein herausgeputzt und sehr adrett
	und bist zu deiner Braut auch nett!

Gräfin Capulet ab.

JULIUS	Mist! Jetzt bin ich angeschmiert.
	Was mach' ich nur? Was soll ich tun?
	Das ist ja fies zusamm'n gerührt.
	Amme! Willst du nicht auch was dazu sagen?
AMME	In meinem Schädel türmen sich nur Fragen.
JULIUS	Das war ja klar!
	Ist denn kein Kraut gewachsen gegen den Willen
	meiner Alten?!
	Der Gräfin Heiratswunsch müßt' irgendwie von
	selbst erkalten.
AMME	Erkalten! Oh, Julius, wie bin ich plötzlich wieder heiter,
	denn ich weiß auf einmal, wie nun weiter.
	Solltest du dich nicht in schönen Kleidern zeigen?
JULIUS	Ja, ja! Und?
AMME	Dann müssen's Kleider sein, die die Gräfin dazu bringen,
	sich wieder von dir abzuneigen!
JULIUS	Ich weiß nicht, was du meinst?
AMME	Ich werd' es draußen dir erklären.
	An diesem Orte hat das nichts verloren,
	denn diese Zimmerwände haben Ohren.

Amme und Julius ab.

I. AKT – 4. Szene

Das Fest – Terrasse vor dem Hause der Capulets

Auftritt Graf Capulet und Bruder Marcus.

MARCUS	Es heißt nicht umsonst in Gottes heil'ger Schrift:
	„Seid fruchtbar und mehret euch."
CAPULET	Fruchtbar, fruchtbar, papalapapp!
	Mir geht's weniger um glückliche Vermehrung
	als viel mehr um standhafte Entleerung!
MARCUS	Was? Seid Ihr so stark von Eurer Frau gefordert?

CAPULET	Von meiner Frau?! Eher wird die Sonn' erbleichen,
	als meine Frau sich läßt erweichen!
	Drum hab' die Absicht ich in meinen alten Tagen,
	ein Liebesabenteuer noch zu wagen.
	Doch um zu vermeiden eine Peinlichkeit …
MARCUS	… wollt Ihr im Stehvermögen Sicherheit.
CAPULET	So ist es. Denn Ihr müßt wissen,
	Gräfin Pariser wünscht mich in den Kissen.
MARCUS	Oh, das ist wahrlich keine Kleinigkeit.
	Doch Gott sei Dank stell'n wir im Kloster her
	'ne Kräuterpille,
	die bei entsprechender Gelegenheit
	Euch standhaft macht für jede Rille.

Bruder Marcus holt eine kleine blaue Pille hervor.

CAPULET	Oh, ganz in blau, wie schön, wie schick!
	Ist die Tablette schon getestet?
MARCUS	Man sogar Schweine damit mästet,
	die dann in jeder denkbar möglich' Lage
	die Säue glücklich machen alle Tage.
CAPULET	Wenn's selbst den Schweinen hilft,
	frag' ich Euch nicht mehr weiter
	und schluck' das blaue Pillchen heiter.
	Doch beschwör ich Euch:
	Kein Wort zu meiner Frau!
	Da kommt sie schon.
	Gehabt Euch wohl. Wir seh'n uns später.

Bruder Marcus ab. Auftritt Gräfin Capulet.

CAPULET	Nun, meine Teuerste, läßt die holde Braut uns warten?
GRÄFIN CAP.	Nein, Gräfin Pariser ist soeben eingetroffen.
CAPULET	Dann läßt der Abend viel erhoffen.
	Ich eile fort, sie zu begrüßen.
GRÄFIN CAP.	Ach, Heinrich?
CAPULET	Ja?

GRÄFIN CAP.　Wenn sie nicht hält, was sie versprochen,
　　　　　　　muß verzichten sie auf unser'n Sohn!
CAPULET　　　*zu sich* Dann müßt auch ich verzichten ja auf
　　　　　　　　　　　　　　　　　　　　meinen Lohn!
　　　　　　　zur Gräfin Der Himmel möge das verhüten!

Graf Capulet ab. Auftritt Bartholomäus, ein Diener der Capulets.

GRÄFIN CAP.　Und du? Hast du nichts zu tun? Sind alle Gäste eingeladen?
BARTHOLOM.　Noch mehr ließen sich nicht finden.
GRÄFIN CAP.　Das merk' ich wohl. Das Haus ist voll bis unter's Dach.

Gräfin Capulet und Bartholomäus ab. Auftritt Benvolio, Mercutio und Romeo.

BENVOLIO　　Ganz offen, Romeo, ist die Liebesnacht denn nur vertagt,
　　　　　　　oder hat auch Rosalinde dir den Schoß versagt?
ROMEO　　　　Ich sag's dir noch einmal: Erwähne nicht mehr
　　　　　　　　　　　　　　　　　　　　diesen Namen!
BENVOLIO　　So hat verschmäht sie deinen Samen?!
ROMEO　　　　Meine schönsten Lieder sang ich vor ihrer Tür,
　　　　　　　doch statt mir Tür und Schoß zu öffnen,
　　　　　　　warf sie den vollen Nachttopf nur nach mir.
BENVOLIO　　Ach, vergiß die Tante!
　　　　　　　Rosalind' war nicht der Mühe Wert.
ROMEO　　　　Verflucht ist, wer ein Weib begehrt!
MERCUTIO　　So ist es recht. Mach' in deinem Herzen Platz,
　　　　　　　am besten für 'nen männlichen Ersatz.
BENVOLIO　　Unsinn! Um deinen Kummer zu zerstreuen,
　　　　　　　laß uns schleichen hier in dieses Haus,
　　　　　　　denn hier gibt's einen Festtagsschmaus.
MERCUTIO　　Genau! Man säuft und frißt und tanzt und giert
　　　　　　　und gibt sich möglichst ungeniert.
BENVOLIO　　Dort kannst in neue Weiberstücke dich vertiefen!
ROMEO　　　　Nein, nein, nein, vom Weibervolk bin ich vorerst kuriert.

Romeo und Benvolio ab ins Haus der Capulets.

MERCUTIO   Vom Weibervolk ist er „kuriert"!
            So ist das Spielblatt neu sortiert,
            und er ist reif, der schöne Romeo!
            Heut' Nacht werd' ich das Früchtchen pflücken,
            und ich will „Waltraud" heißen,
            sollt' dieser Angriff mir nicht glücken.

Mercutio stopft sich ein dickes Taschentuch vorn in seine Hose, so daß seine Männlichkeit erheblich vergrößert scheint. Ab ins Haus. Auftritt Bartholomäus und Gregorio, zwei Diener der Capulets.

BARTHOLOM. Und bei den Mädchen mußt du immer den Mann
            'raushängen lassen, damit sie lernen, was ein Kerl ist.
GREGORIO   Das versteh' ich nicht. Der Mann muß hängen?
BARTHOLOM. Nein, nein, der darf nicht hängen, der muß stehen!
GREGORIO   Ach, der muß stehen?! Die ganze Zeit?
BARTHOLOM. Natürlich muß der die ganze Zeit stehen!
GREGORIO   Oh, dann muß er aber aufpassen, daß er kein
            steifes Bein kriegt.
BARTHOLOM. Herr im Himmel, ein richtiger Kerl geht nur mit
            steifem Bein!
GREGORIO   Das werd' ich mir merken!

Auftritt Amme.

AMME   Das ist ein Fest, wie ich es liebe:
            Des Festes Meister sind die Triebe,
            da sollt' es auch für mich noch was zu naschen geben!
            Nun, ihr zwei Süßen, wollt ihr ein Tänzchen mit mir wagen?
BARTHOLOM. Die ist so heiß, die hat schon Wasserdampf im Rock ...
GREGORIO   ... und greift aus Not nach jedem Stock.
AMME   Unverschämtheit!

Bartholomäus und Gregorio lachend ab, Gregorio geht plötzlich mit einem steifem Bein.

AMME   *den Dienern hinterherrufend*
            Verdammtes Dienerpack, euch werd' ich Beine machen!

Auftritt Mercutio und Benvolio.

BENVOLIO	Mercutio, bitte, bitte, meine Nerven!
MERCUTIO	Benvolio, hast du das geseh'n?!
BENVOLIO	Ja, doch kann ich deine Aufregung beim besten Willen nicht versteh'n!
MERCUTIO	Hat Romeo nicht gerad' erklärt, daß von der Weiberwelt er sei kuriert?
BENVOLIO	Hat er. Und weiter?
MERCUTIO	Nichts dergleichen! Wir hatten kaum das Haus betreten, schon verlor er in der Menge sich und ließ ganz einfach mich im Stich.
BENVOLIO	Mercutio! Du tust, als gäb' es keine ander'n Männer! Schau' dich um und wage Romeo zu vergleichen mit all den Ander'n, all den Schönen, all den Reichen.
MERCUTIO	… vergleichen? Ihn? Mit wem! Womit! Bei seinem Anblick selbst die Sonn' erblaßt …

Mercutio erblickt die Amme und verstummt.

AMME	Seid mir willkommen, junge Herren, habt eine Tanzdam' Ihr verpaßt?! Auch wenn ich ält'ren Datums bin, kann ich das Tanzbein schwingen bis zum Kinn.
BENVOLIO	*zu Mercutio* Nun Mercutio, was für ein Angebot. Da dein Liebster dir entschwunden, nimm als Ersatz dies Welkfleisch für die Not.
MERCUTIO	Dir fehlt wohl 'n Faden an der Bommel!

Mercutio ab.

AMME	Was hat denn Euer fescher Freund?
BENVOLIO	Euer Angebot ließ ihn erröten, denn, unter uns gesagt, Ihr seid sein Typ.
AMME	Ach hört auf, Ihr scherzt doch nur mit mir!
BENVOLIO	Nein, nein, Ihr dürft mir glauben, es treibt ihn eine starke Kraft, zu der erfahr'nen, reif'ren Damenschaft.

Ist er am Anfang etwas scheuer,
stellt ihm nur nach, dann fängt er Feuer.

Benvolio ab.

AMME   Das riecht nach einem Abenteuer!
            Amme, Amme, altes Mädchen,
            obwohl du etwas schon betagt,
            bist du doch immer noch gefragt.

Amme ab. Auftritt Gräfin Capulet, Bartholomäus und Anton.

BARTHOLOM. Gnädige Frau, die Küche ruft nach Gurken und Tomaten.
ANTON   Es fehlt auch noch der Schweinebraten!
BARTHOLOM. Knapp sind auch Fisch und Marmelade …
ANTON   … und Honigbrot und Marinade.
BARTHOLOM. Selbst Geschirr und Eßbesteck
            sind auf einmal plötzlich weg.
GRÄFIN CAP. Ja, gibt's denn überhaupt etwas, was wir im Hause haben?
ANTON/
BARTHOLOM. Ja, haufenweise Gäste
            und haufenweise Schaben!
GRÄFIN CAP. Ich verlier' noch den Verstand bei diesem Feste!

Gräfin Capulet ab.

ANTON   Hast du begriffen, was die wollte?
BARTHOLOM. Nicht die Spur! Sie war etwas verwirrt.
ANTON   Wen wundert's. Sie hätten nicht so viele Gäste
            einladen sollen.
BARTHOLOM. Wem sagst du das! Aber uns fragt ja keiner.
ANTON   Und das ist das Problem in diesem Hause!

Bartholomäus und Anton ab. Auftritt Graf Capulet und Gräfin Pariser.

CAPULET   Meine liebste Gräfin Pariser,
            daß Ihr so wollüstig, ich meine wohlwollend,

	mein Angebot akzeptiert habt,
	erfreut mich außerordentlich!
PARISER	So ist die Eh' beschloss'ne Sache?!
CAPULET	Ja, ja, und wann komm' ich zu meinem Stich?
PARISER	Bei günstiger Gelegenheit.
CAPULET	Ich bin willig jederzeit!
PARISER	Dann seid so willig jetzt,
	Euren Sohn mir vorzustellen!
CAPULET	Meinen Sohn? Ach ja natürlich, meinen Sohn!
	Ich laß' ihn rufen; seid so gut und erwartet uns im Saal.

Gräfin Pariser ab. Graf Capulet holt die Pille aus der Tasche.

CAPULET	Und jetzt, mein blaues Wunderstück,
	befördere mein Liebesglück!

Er will die blaue Pille schlucken. Auftritt Tybalt.

CAPULET	Tybalt! Wie hast du mich erschreckt!
	Was ist? Wie ist dein Blick schon wieder finster?
TYBALT	Ich habe einen Montague gesehen.
CAPULET	Ach hör' auf, du siehst Gespenster!
TYBALT	Ich bin sicher, es ist Romeo,
	ich sah vorhin ihn durch eines uns'rer Fenster!
CAPULET	Und wenn schon, ich hab' anderes im Kopf
	und kann jetzt Ärger nicht gebrauchen.
	Drum halt' dich still und laß' ihn geh'n.
TYBALT	Ich möcht' ihn in der Luft zerreißen!
CAPULET	Willst du dich etwa untersteh'n,
	in meinem Hause Krach zu schlagen?
	Das wirst auf keinen Fall du wagen!

Sie knurren sich an. Tybalt ab.

CAPULET	Das hätt' mir gerade noch gefehlt,
	daß mir der Hitzkopf in die Quere schießt
	und meine Gäste auf den Degen spießt!

Er schluckt die Pille.

CAPULET — Oh, schon spüre ich die Kraft von der Tablette,
die eine längst vergess'ne Sphäre heiß belebt!
Schon treibt es mich zu wilden Taten,
da meine Mitte ganz gewaltig bebt!
Gräfin Pariser, wo seid Ihr? Gräfin Pariser!

Graf Capulet ab. Auftritt Amme und Mercutio.

AMME — Genießt nur mehr von diesem guten Wein!
MERCUTIO — Sehr gern, doch paßt wahrhaftig nichts mehr 'rein.
AMME — Ein kleines Schlückchen noch macht Euch nicht tot.
MERCUTIO — Ihr bringt mich mächtig aus dem Lot!
AMME — Und laßt mich Eure Hände führen,
sie sollen meinen Herzschlag spüren!

Sie nimmt Mercutios Hände und führt sie an ihre Brust.

MERCUTIO — Ich spür' nichts mehr, ich bin erstarrt.
AMME — Oh, so schnell?! Und so dick und knochenhart!
MERCUTIO — Mein Gott, oh nein, oh laßt das sein,
sonst werd' ich laut um Hilfe schrei'n!
AMME — Nur mal anfassen!
MERCUTIO — Neiiiiiiin!

Mercutio flieht.

AMME — Lauf' doch nicht weg, mein schönes Wesen,
an meiner Lust sollst du genesen!

Julius schaut aus der Tür heraus.

JULIUS — Amme! Wo bleibst du denn?! Ich komme hier nicht klar!
AMME — Reg' dich nicht auf!
JULIUS — Aber du wolltest mir doch helfen!
AMME — Herr Gott, ich komme ja, ich komme ja!

Julius und Amme ab. Auftritt Mercutio.

MERCUTIO Du lieber Himmel, das war messerscharf am Abgrund!

Auftritt Graf Capulet.

CAPULET Nun, mein Herr, warum denn so allein?
Wollt Ihr nicht tanzen? Das Weiberfleisch ist willig.

MERCUTIO Von wegen willig, es ist geradezu versessen,
ich traf hier einen Faltensack,
der hätt' mich beinah' aufgefressen.

CAPULET Na und? Zwar ist Welkfleisch meistens spröde,
doch hat altes Leder bei der Paarung
gewiß den Vorteil der Erfahrung.

MERCUTIO *schreit* Ich bin in eine Monster-Show geraten.

Mercutio ab.

CAPULET Weg ist er! Wahrlich, die Jugend weiß Abgehang'nes
nicht zu schätzen.

Graf Capulet ab. Auftritt Amme.

AMME Julius! Die Luft ist rein! Komm' heraus und wage ein
paar Schritte!

Auftritt Julius, in Frauenkleidern, mit riesigen Brüsten und Damenperücke.

JULIUS Und du meinst wirklich, daß das funktioniert?

AMME Du wirst staunen, wie schnell die Gräfin jede Lust an
dir verliert.
Wackle nur ein wenig mit der Titte,
schwing' die Hüfte hin und her,
so glaubt sie schnell, du wär'st kein richt'ger Mann,
und dann will sie dich nicht mehr.

JULIUS Ich hoffe, daß auch klappt, was dein Genius hier ersann.

AMME Ganz sicher.

Das Gelächter von Graf Capulet ist zu hören.

AMME   Oh, da naht dein Vater. Ich geh' die Gräfin suchen!

Amme ab.

JULIUS   Amme, Amme, laß' mich doch nicht allein!
                  Ah, manchmal möcht' ich sie verfluchen!

Auftritt Graf Capulet. Julius wendet ihm den Rücken zu.

CAPULET   Mein Gott, diese Pille macht ja Mumien wieder munter;
                  die Gräfin wird mir gar nicht reichen!
                  Oh, schönes Fräulein, warum denn so allein?
                  Wollt Ihr nicht tanzen? Mein Franz ist mächtig willig!
                  Ich mein', ein Tanz ist recht und billig!
                  Oh, wie seid Ihr gut gebaut,
                  das schlanke Bein, die zarte Haut.
                  Laßt mich doch nicht so lange leiden!
                  Sagt an, wie wär's denn mit uns beiden?

Julius dreht sich um. Graf Capulet erkennt seinen Sohn.

CAPULET   Julius! Um Gottes Willen! Wie siehst du aus? Was hast du an?
                  Ich hab' dich doch gezeugt als Mann?
JULIUS   Na und? Angesichts eurer Heiratspläne,
                  ist das Mann-Sein mir vergangen.
                  Drum mach' mir bitte keine Szene!
CAPULET   Ja, ist denn das zu fassen?!
                  Du kannst mich doch jetzt hier nicht so im Stiche lassen!
                  Wenn die Gräfin in diesem Aufzug dich erspäht,
                  dreht sie auf der Stell' sich um und geht.
JULIUS   Ja wunderbar, das wär's doch, was ich will!
PARISER   *von draußen* Graf Capulet, wo seid Ihr?
CAPULET   Halt' den Mund jetzt und schweig' still!

Auftritt Gräfin Pariser.

CAPULET	Gräfin Pariser! Schön Euch zu seh'n.
	Woll'n wir nicht auf ein Tänzchen geh'n?
PARISER	Aber Graf, laßt mich doch erst einmal den Bräutigam
	beschau'n.
	Mein Gott, ich wage meinen Augen nicht zu trau'n!
CAPULET	Es ist ein Scherz, ein Faschingswitz!
	Julius, zieh' den Fummel wieder aus, aber hurtig wie
	der Blitz!
PARISER	Nein, nein, schickt ihn doch nicht weg!
	Oh, wie schön und wie adrett!
	Oh, wie ist er gut gebaut,
	das schlanke Bein, die zarte Haut.
	Und wie ihm die Verkleidung steht!
CAPULET	Wie meint Ihr das? Ich nicht ganz verstehen kann …
PARISER	*zu Graf Capulet* Was gibt's da zu versteh'n?
	Mich macht ein Mann in Frauenkleidern an.
	Kommt morgen früh zu mir,
	um die Hochzeit zu besprechen im Detail.
	zu Julius Und wenn wir dann zusammen geh'n,
	will ich dich oft in Kleidern seh'n.

Gräfin Pariser ab.

CAPULET	Julius, das hast du großartig gemacht!
	Mein altes Vaterherze lacht.
	Ich bin richtig stolz auf dich, mein Junge!
	Und wenn sie deine Frau dann ist
	und du mal überfordert bist,
	werd' ich mit meiner ganzen Manneskraft an deiner
	Seite steh'n
	und mit ihr dann spazieren geh'n.
	„Oh, wie ist er gut gebaut,
	das schlanke Bein, die zarte Haut."

Graf Capulet ab.

JULIUS	Mist, jetzt bin ich richtig angeschmiert!

Auftritt Amme.

AMME   Und? Wie lief es?
JULIUS   Schlecht! Dein Plan hat sich ins Gegenteil verkehrt,
                  und ich bin nun noch mehr begehrt.
AMME   Ach, das Leben wird's schon gerade biegen,
                  so daß du nicht mußt auf der Gräfin liegen.

Auftritt Romeo.

ROMEO   *Julius erblickend* Welch' eine Schönheit da mein Aug' erblickt!
                  Von Amors Pfeil getroffen bin ich in der Tiefe,
                  fast scheint es so, als hätt' der Himmel meine
                                              Traumfrau mir geschickt.
                  Schönes Fräulein, darf ich's wagen,
                  Arm und Geleit Euch anzutragen?
JULIUS   Dir fehlt wohl 'n Faden an der Bommel!

Julius ab.

ROMEO   Ich bitt' Euch, meine Dame! Sagt mir doch, wer war
                                              die junge Frau?
AMME   Gute Frage, das weiß ich auch nicht so genau.
ROMEO   Wie meint Ihr das?
AMME   Ach, da fällt's mir wieder ein,
                  eine Tochter des Hauses hier wird es wohl sein.
ROMEO   Hm, ich hab' in Verona sie noch nie geseh'n!
AMME   Nun, das konnt' auch nicht gescheh'n,
                  weil sie bis jetzt, äh, studieret hat
                  in einer weit entfernten Stadt!
                  Der Nam' des Orts ist, glaub' ich, „Bittenwerk" gewesen.
ROMEO   „Bittenwerk"? Ihr meint wohl „Wittenberg"!
                  Oho, dann hat sie sicher viel gelesen!
                  Und verratet Ihr mir auch den Namen?
AMME   Ihr meint wohl, wie sie heißt?
ROMEO   Das meint' ich, ja.
AMME   Nun, man nennt sie einfach … „Julia".
                  zu sich Das war messerscharf am Abgrund!

Amme ab.

ROMEO „Julia" heißt die wunderbare Kleine,
und tief im Herzen fühl ich: diese oder keine!

Romeo ab.

II. AKT – 1. Szene

Straße neben der Mauer von Capulets Garten

Auftritt Romeo.

ROMEO Oh Mauer du, die du Julias Heimstadt felsenfest umstehst,
dich will ich kühn und mutig nun ersteigen,
um Julia meines Herzens Glut zu zeigen.

Auftritt Mercutio, betrunken.

MERCUTIO He, Romeo! Ich bitt' dich, komm' doch wieder 'rein
und laß' mich mit all den bösen Frauen
auf diesem Feste nicht allein!
ROMEO Es tut mir leid, Mercutio, das Fest kann mich nicht mehr
berauschen.
Ich will nur eines noch: Amors Stimme innig lauschen.

Romeo klettert über die Mauer und ist verschwunden.

MERCUTIO Ja glaub' ich's denn, er ist schon wieder neu verliebt,
der alte Schwerenöter!
Na, soll er sich den nächsten Korb nur holen,
ich freu' mich schon auf das Gezeter!

Auftritt Amme.

AMME

Junger Herr Mercutio,
kommt zur Feier doch zurück
und macht beim Tanz mich weiter froh …
… und schenkt mir später noch mehr Glück!

Die Amme zieht Mercutio gegen seinen Willen ins Haus zurück.

II. AKT – 2. Szene

Garten der Capulets

Auftritt Romeo.

ROMEO

Dies ist der Garten, in dem ihr zarter Fuß spazieren geht,
in dem ihr Leibesduft den Duft der Blumen noch versüßt,
in dem ein jeder Grashalm, Käfer, Vogel bei ihrem Anblick
sprachlos stille steht
und selbst der Regenwurm vor ihrer Schönheit
stumm das Rückgrat biegt und selig sie begrüßt.
Oh, wie möchte ich mich hier verlieren!
Oh, wie möcht' verschmelzen ich mit Blumen, Sträuchern,
Tieren,
um mein ganzes Dasein einzig ihr zu weih'n,
denn bei ihr bin ich Mensch, bei ihr darf ich's sein!

Julius, noch immer als Frau verkleidet, stolpert auf den Balkon. Romeo versteckt sich.

JULIUS

Verflucht, es ist zum Kacken,
viel zu hoch die blöden Hacken.

ROMEO

Oh, wie schlägt mein Herz gleich wild und schwer,
denn da kommt Julia daher!

JULIUS

Was mach' ich nur, was mach' ich nur –
kein Streifen Licht in Feld und Flur!

ROMEO

Unglücklich und einsam ist sie, wie es scheint.
Das kommt mir sehr entgegen, da dann dieselbe Not uns eint

JULIUS	Gestern lebte ich noch frei und unbeschwert,
	heut' bin ich plötzlich heiß begehrt!
ROMEO	Ha! Wie laufen Sturm mir die Gefühle,
	es ist ein and'rer Kerl im Spiele!
JULIUS	Wenn ich nicht einen Ausweg finde, der mich rettet,
	bin für den Rest des Lebens ich an ein Fossil gekettet.
ROMEO	Gott sei Dank, ein wenig Licht im dunklen Wald,
	der Verehrer ist ihr wohl zu alt!
JULIUS	Hätt' ich nur etwas eig'nes Geld,
	ich wär' schon in der weiten Welt!
ROMEO	Das ist meine Chance, ich bin ein reicher Mann,
	der ihr, was sie braucht, problemlos bieten kann!
	Schönes Fräulein!
JULIUS	Ha! Wer Spricht?!

Romeo zeigt sich.

ROMEO	Ich bin's, Romeo, und ich lieb' Euch, seit ich auf dem Fest
	Euch sah,
	und ich wünsch' mir sehr, daß auch Ihr Euch mir
	fühlt nah!
JULIUS	*zu sich* Es ist der Montague, und er hält mich
	wirklich für 'ne Frau!
	Da gibt's nur eine Antwort: Der Mann ist hackenblau!
ROMEO	Wollt Ihr nicht ein wenig mit mir sprechen?
	Denn tut Ihr's nicht, wird's mir das Herz zerbrechen!
JULIUS	*zu sich* Was soll ich tun? Soll ich nun weiter mit
	ihm reden?
	Warum nicht, der Mann könnt' meine Rettung sein,
	drum geh' ich auf sein Wünschen ein!
	zu Romeo Daß Ihr mich mögt, das geht mir wahrlich nah,
	denn es funkte auch bei mir, als ich Euch heute sah!
ROMEO	Oh, Eure Worte lassen Engel in mir singen!
JULIUS	Ach, könnten Eure Engel doch aus der Stadt mich bringen!
ROMEO	Die Engel können's nicht, doch ich bin ganz bereit,
	Euch, wohin Ihr wollt, zu bringen jeder Zeit!

JULIUS	Dies würde mich so glücklich machen,
	doch ist die Zukunft uns verbaut,
	ich bin schon eines ander'n Braut!
ROMEO	So laßt den ander'n sausen, ich lieb' Euch mehr als er!
JULIUS	Das kann ich nicht, der Willen meiner Eltern macht
	mir das zu schwer!
ROMEO	Dann laßt auch Eure Eltern sausen, ich hab' genügend Geld,
	wir fliehen aus der Stadt und reisen um die Welt!
JULIUS	*zu sich* Meint er das wirklich ernst?
	zu Romeo Ist dies wirklich Euer Angebot?
ROMEO	So ist es, ich errette Euch aus höchster Not!
JULIUS	*zu sich* Nun denn, will ich mein junges Leben
	nicht in der alten Gräfin Bett vernichten,
	muß mit dem Buben ich wohl flüchten.
	Warum nicht, ich bin ja klug genug und helle,
	daß ich ihn fern mir halte von der Pelle!
	zu Romeo Nun gut, so geb' ich mich zum, so hoff'
	ich, guten Ende
	in Eure starken Männerhände.
ROMEO	Ihr macht zum glücklichsten Mann mich unter
	diesen Sternen!
JULIUS	Ihr mich auch!
ROMEO	Was?
JULIUS	Äh, ich mein', ich muß mich jetzt entfernen!
	Ich lasse morgen wegen des Fluchtplans zu Euch schicken.
ROMEO	Und ich bereite alles vor, dann wird die Flucht auch glücken!
JULIUS	Na dann, äh, tschüß!

Julius ab.

ROMEO	Unglaublich, aber wahr, die Schöne ist betört.
	Wie mir das gelingen konnte, wird ewig mir ein Rätsel bleiben
	Egal, drum frisch ans Werk und schnell zur Tat,
	dann kann ich's bald schon mit ihr treiben!

Romeo ab.

34

II. AKT – 3. Szene

Klostergarten

Auftritt Bruder Marcus und Pater Lorenzo, der einen Kräuterkorb trägt.

LORENZO   Will ich mich vor der Beichte drücken,
geh' ich stets zum Kräuterpflücken.
Denn in der Beichte wird nur hin und her gebetet
und jede Sünde durchgeknetet.
Man hört, wie krank sie alle sind,
mal sind sie taub, mal sind sie blind,
mal ist's die Leber, mal die Milz,
dann hat die Zunge einen Pilz.
Ein and'rer Haarausfall beklagt,
weil oft der Schließmuskel versagt.
So ein Leid sich zum anderen gesellt,
als wär' nichts wichtiger auf dieser Welt.
Schon längst erschüttert wär' mein Glaube
in jedes göttliche Geschehen,
doch da ich täglich mir erlaube,
mit Andacht tief ins Glas zu sehen,
ertrag' heiter ich meine Qual
beim Geh'n durchs irdisch' Jammertal.

MARCUS   Gestattet, daß ich Euch verbriefe,
daß Eure Weltsicht voller Tiefe.
Doch bitt' ich Euch nun um profunde
Erläuterung der Kräuterkunde.

LORENZO   Ein Kräutersud hilft in der Not,
wenn's den nicht gäb', wär' ich schon tot.
Hier stehen Kräuter aller Art,
doch sie zu pflücken, ist oft hart.
Sie helfen Magen, Leber, Milz und Galle,
zur Sicherheit nimmt man sie alle.

MARCUS   Was hilft bei einem Hexenschuß?

LORENZO   Da ist hier dieses Kraut ein Muß.

MARCUS	Und wenn ich Sausen hab' im Ohr?
LORENZO	Dann nimmst du jenes Kraut dir vor.
MARCUS	Und wenn ich ein Ziehen hab' im Bein?
LORENZO	Dann nimmst du dieses Kräutchen ein!

Bruder Marcus holt das Blatt einer Haschischpflanze hervor.

MARCUS	Und wenn aus dem ich einen Sud bereite?
LORENZO	Aus dem?! Äh … ganz wertlos ist es, tu's beiseite.
MARCUS	Aber es wirkt beinah' wie angepflanzt, wie's hinten dort im Winde tanzt.
LORENZO	Du schwatzt herum, hast lange Weile, inzwischen sind wir sehr in Eile.
MARCUS	Warum erwidert Ihr so heftig und werdet plötzlich ganz geschäftig?!
LORENZO	Weil, äh, mich das Glöcklein ruft zur Pflicht, ich hab' im Beichtstuhl wieder Schicht.
MARCUS	Aber könnt's nicht sein, daß es gehört zu den Gewächsen, die manche Leute auch gebrauchen, um ihr Bewußtsein zu behexen, indem das Kraut sie einfach rauchen?
LORENZO	Bruder Marcus, Bruder Marcus, mir reicht es jetzt, ich mache Schluß!
MARCUS	Sagt mal, Pater, seid Ihr es etwa, der dies Kraut so gut versteckt hat angebaut?
LORENZO	Herr Gott im Himmel, ja! Du hast gewonnen und all mein Hoffen ist zerronnen, dies Wunderkraut für mich zu haben, um meinen Geist daran zu laben. Doch wenn du es behältst für dich, teil' ich mit dir brüderlich.
MARCUS	Das ist ein Wort, ich sag' nicht „Nein", wir gründen einen Rauchverein.
LORENZO	Doch bevor ich nun das Kraut entzünde und damit Heiterkeit in uns begründe, sprech' ich noch schnell ein Stoßgebet, damit's nicht in die Hose geht!

MARCUS	Da Gott die Sünde auferlegt,
	ist's eine Pflicht, daß man sie pflegt.

Sie knien sich auf die Erde. Pater Lorenzo stellt seinen Korb ab.

LORENZO	*sakral singend* Oh Herr, erweis' uns bitte deine Güte
	und verzeih' uns gnädig diese Tüte.
MARCUS/	
LORENZO	Amen!

Sie beginnen zu rauchen.

ROMEO	*von draußen* Pater Lorenzo, Pater Lorenzo!
MARCUS/	
LORENZO	Mist! Mist! Mist!

Auftritt Romeo.

ROMEO	Pater Lorenzo, daß ich Euch endlich finde.
LORENZO	Romeo, du! Herr Gott, wie kannst du's wagen,
	uns solchen Schrecken einzujagen!
ROMEO	Verzeiht, ich wollte Euren Treff nicht stören,
	der, wie mir scheint, der Andacht galt.
MARCUS	Genauso ist es. Hier kann man schön die Vöglein hören,
	der Klang der Schöpfung gibt uns Halt,
	da himmlisch Stimmen uns betören,
	erkennen wir des Herrn Gestalt.
LORENZO	Bei ihm die Tarnung dir erspare,
	er kennt die Wolke, die hier steht.
	Er liefert schließlich mir die Ware
	für mein besond'res Kräuterbeet.
MARCUS	Dann sind jetzt offensichtlich drei
	bei der Vereinsgründung dabei.
LORENZO	Nun sprich, Romeo, welche neue Seelenlast,
	treibt dich heute her in solcher Hast?
ROMEO	Die Liebe!
LORENZO	*zu Marcus* Hol' Taschentücher!

ROMEO	Nein, nein, die brauch' ich sicher nicht,
	denn ganz anders liegt diesmal der Fall!
LORENZO/	
MARCUS	Wie? Die Neigung findet Widerhall?
ROMEO	Ja! Stellt Euch vor: Ich war auf einem großen Fest,
	dort wollt' ich Rosalinde seh'n,
	um ihre Liebe zu erfleh'n.
	Doch statt ihr erblickte ich ein Wesen,
	dessen Schönheit mich geblendet!
	Gleich schickt' ich einen Dank zum Himmel,
	daß er solch' Engel mir gesendet.
	Denn – was kann man mehr verlangen –
	ihr ist es so wie mir ergangen.
	Kurz, in meinem Herzen hat's gepiept:
	Ihr Patres, ich bin neu verliebt.
LORENZO	So. Und was wünscht du jetzt von mir?
MARCUS	Genau. Mit welchem Ziele seid Ihr hier?
ROMEO	Ja, muß ich Euch das erst erzählen?
	Ihr sollt uns heute noch vermählen!
LORENZO	Ha! Heute noch?!
ROMEO	Und bitte im Geheimen doch,
	denn sie ist eine Capulet!
MARCUS	Also das ist wirklich etwas fett!
ROMEO	Macht Ihr's oder macht Ihr's nicht?
LORENZO	Capulet und Montague,
	das bringt nur Krieg und keine Ruh'!
ROMEO	Ich hab' ein Argument mit viel Gewicht!
MARCUS	Welches denn?
ROMEO	Eine neue Sorte Wunderkraut,
	das, frisch geraucht, im Geiste Himmelsschlösser baut!
	Schon nach zwei, drei Zügen
	hat das Gefühl man, im Paradies zu liegen.
MARCUS	Pater! Zögert nicht und greift schnell zu,
	traut Capulet und Montague!
LORENZO	Bruder Marcus, du hast Pause,
	hier, nimm die Tüte, mach 'ne Sause.
	zu Romeo Einer Capulet willst du das Ja-Wort schenken?!
	Mein Sohn, ich hab' dabei doch arg Bedenken.

MARCUS	Wenn der Pater traut sich nicht,
	fällt das nicht weiter ins Gewicht!
	Ich werd' Euch einfach trau'n, mein Sohn,
	und ich wünsch' das neue Kraut als Lohn!
LORENZO	Soweit kommt es noch, daß ich vor meinem Amt
	mich drücke
	und die Zweitbesetzung füllt die Lücke!
MARCUS	Ich werde gerne Euch vermählen,
	Ort und Zeitpunkt könnt Ihr wählen.
LORENZO	Nein, ich werde es tun.
MARCUS	Nein, ich!
LORENZO	Ich!
MARCUS	Ich!
LORENZO	Ich bin hier der Pater!
MARCUS	Mist!
LORENZO	*zu Romeo* Doch laß uns das nicht hier besprechen,
	denn dieser Ort hat viele Ohren,
	da haben Einzelheiten nichts verloren.

Pater Lorenzo und Romeo ab.

| MARCUS | Was soll's, ich nehm' mir jetzt das Tütchen vor |
| | und hau' danach mich schön aufs Ohr. |

Bruder Marcus ab. Auftritt Pater Lorenzo, um seinen vergessenen Kräuterkorb zu holen.

LORENZO	Jetzt hätt' ich fast mein Wunderkraut vergessen,
	worauf ich bin doch so versessen.
	Denn nur mit diesem Kraut im Sud
	wird die Dröhnung richtig gut.

Pater Lorenzo ab.

II. AKT – 4. Szene

Straße

Auftritt Benvolio und Mercutio.

BENVOLIO	Mercutio! Bitte, bitte, bitte!
MERCUTIO	Ich werde noch verrückt! Die ganze Stadt hab' ich durchsucht!
	Wo zum Teufel kann Romeo nur stecken?
BENVOLIO	Mercutio! Du raubst mir noch den letzten Nerv, verflucht!
	Wo soll er schon stecken! Wahrscheinlich unter irgendwelchen Weiberdecken!
MERCUTIO	Wie, du meinst, daß er heute nicht nach Hause kam?
BENVOLIO	Warum nicht? Hauptsache ist doch, daß er überhaupt mal kam!
MERCUTIO	Deine Witze werden auch immer flacher!
BENVOLIO	Na und, je flacher der Witz, desto lauter der Lacher!
MERCUTIO	Mir ist aber nicht zum Lachen zumute!
	Während nämlich Romeo, der Gute,
	sich heut' Nacht bei wer weiß wem schön entspannte,
	hat ihm der grimm'ge Tybalt einen Brief geschickt,
	in dem …
BENVOLIO	… er sich zu seiner Impotenz bekannte?
MERCUTIO	Nein! Nein! In dem er schreit ganz wild nach Rache!
BENVOLIO	Was? Oh, oh, das ist keine gute Sache!
MERCUTIO	Auf dem Fest hat Tybalt nämlich Romeo erkannt!
BENVOLIO	Klar, daß er das nicht gerad' vergnüglich fand!
MERCUTIO	Ja! Was machen wir jetzt bloß?
BENVOLIO	Also erstmal locker bleiben! Ich mein', wer ist der Tybalt denn?
	Ein Amateur, dem ich mit einem Degenstoß
	die Hosenträger von den Hosen trenn'!
	Und einen Mann macht es nicht freier,
	entblößt beim Kampf man seine Eier!

MERCUTIO	Du irrst! Tybalt ist kein Amateur!
	Ein hinterhält'ger Raufbold ist er! Hemmungslos und schnell!
	Und eh' du dich versiehst,
	zersticht er dir das Fell!
BENVOLIO	Aber Romeo ist ja auch nicht g'rad von Pappe!
	Und drücken wir ihm schön die Daumen,
	wird der Kampf schon keine Schlappe!
	Doch sieh', da kommt ja unser Frauenheld,
	adrett und frisch, wie aus dem Ei gepellt!

Auftritt Romeo.

BENVOLIO	Na, Romeo, hast du's der Weiberwelt nun endlich mal
	gezeigt?
ROMEO	Nun, sagen wir …
BENVOLIO/	
MERCUTIO	Ja?
ROMEO	Der Kavalier genießt und schweigt!
MERCUTIO	Also ein bißchen könntest du schon blicken lassen!
ROMEO	Später gern, jetzt kann ich selbst es noch nicht fassen.
BENVOLIO	He, he, was kommt da denn Morsches angewackelt?
ROMEO	Das ist die Amme aus der Dienerschaft des alten Capulet!
MERCUTIO	Da fällt mir plötzlich ein, ich hab' noch wichtige Termine!
	Bis später dann, ich muß jetzt dringend von der Bühne!

Mercutio ab.

ROMEO	He! Mercutio! Warum läuft er denn weg?
BENVOLIO	Er folgt dem natürlichen Fluchtimpuls des Beutetiers!
ROMEO	Wie? Du meinst, die Amme hätt' es auf ihn abgeseh'n?!
BENVOLIO	Ja, denn Mercutio hat im Festrausch gestern Nacht
	einen Ausflug in ihr Bett gemacht.
ROMEO	Nein!
BENVOLIO	Doch!
ROMEO	Wie konnte das gescheh'n?

BENVOLIO	Nun, weil er zu viel Wein genossen,
	ist die Klarsicht ihm verflossen,
	und so mocht' er ihre Schwielenhände gern,
	weil er glaubte, es wär'n die Hände eines netten ält'ren Herrn.
ROMEO	Der Schein trügt, sagte das Glühwürmchen,
	nachdem es sich auf die brennende Zigarette gesetzt hatte.
MERCUTIO	Und als sein Würmchen dann bemerkte,
	wer in Wahrheit an ihm werkte,
	war es für Rettung schon zu spät!
ROMEO	Jetzt verstehe ich, warum er geht.
ROMEO/	
BENVOLIO	Der arme Mercutio!

Auftritt Amme.

AMME	Huhu! Guten Morgen, Ihr Herren!
BENVOLIO	Huhu! Guten Abend, meine Dame!
AMME	Hahaha! Warum denn „guten Abend"?
BENVOLIO	Euer Dekolleté deutet auf Sonnenuntergang!
AMME	Unverschämtheit!
ROMEO	Nehmt's ihm nicht übel, gute Frau, er hat eine schwere Kindheit gehabt.
AMME	Aber gestern war er noch ganz anders!
BENVOLIO	Ich hab' halt meine schwachen Momente.
ROMEO	Die hast du tatsächlich.
	zur Amme Kann ich Euch vielleicht weiterhelfen?
AMME	Ich hoffe doch! Kann ich Euch ohne diesen frechen Burschen da alleine sprechen?
BENVOLIO	Vorsicht, Romeo, das ist 'ne ziemlich heiße Biene, paßt du nicht auf, hast auch du bald wichtige Termine!
ROMEO	Benvolio!
BENVOLIO	Ja?
ROMEO	Merkst du nicht, daß du hier störst?
BENVOLIO	Nun denn, lebt wohl, zerknautschte Schönheit!
AMME	Verschwindet, sonst hau' ich Euch den frechen Schnabel breit!

Benvolio ab.

ROMEO	Laßt ihn, er kann's nicht besser! Nun sprecht, Ihr seid sicher doch in Julias Auftrag hier?
AMME	So ist es. Habt für die Flucht Ihr alles vorbereitet?
ROMEO	Hab' ich, hab' ich! Alles ist genau geplant, jede Kleinigkeit präzis bedacht, alle Fluchtdetails verzahnt, kurz: Was zu tun war, ist gemacht!
AMME	Sehr schön. Darf ich dann fragen, wohin als Erstes geht die Reise?
ROMEO	Nun als Erstes, ist doch klar, zusammen vor den Traualtar!
AMME	Wie? Ihr wollt die Julia heiraten?
ROMEO	Na sicher! Ohne Ring wird diese Flucht nicht starten!
AMME	Aber von „Heirat" war, soweit ich weiß, die Rede bisher nicht.
ROMEO	Das mag sein, doch bekam für mich ganz plötzlich das Thema viel Gewicht.
AMME	Aber wenn die Julia gar nicht will?
ROMEO	Dann helft Ihr mir, den Widerstand der Schönen zu vermindern.
AMME	Was sie in ihren Kopf sich setzt, das läßt sich nicht verhindern.
ROMEO	Glaubt mir, mir liegt viel daran, daß diese Bindung jetzt gelingt.
AMME	Wenn sie was nicht will, nichts auf der Welt sie dazu bringt.
ROMEO	Oh geht noch nicht, denn … … unterstützt Ihr mich beim Fräulein Julia, mach' in Mercutios Herz ich Euch zum Star!
AMME	Oh! Das ist ein Angebot, zu dem ich nicht mehr „Nein" sagen kann! Ich verspreche Euch, in nicht mal einer Stunde seid mit der Julia Ihr im Bunde und der von Ihr erwählte Mann!
ROMEO	Wundervoll! Hier gute Frau, nehmt das für Eure Unkosten.

Romeo ab.

AMME	Jetzt muß nur noch mir gelingen,
	das dem Julius beizubringen.

Amme ab.

II. AKT – 5. Szene

Julius' Kammer

Auftritt Julius, wieder in seiner normalen Kleidung.

JULIUS	Wo sie nur bleibt, die Amme!
	Der Auftrag war doch schlicht und klar!
	Doch sie läßt mich hier warten
	und macht sich mehr als rar!

Auftritt Amme.

JULIUS	Amme! Endlich! Ich sitz' mir hier die Backen breit,
	zähl' die Stunden, übe Däumchen dreh'n,
	doch von dir ist nichts zu seh'n!
	Wo warst du denn die ganze Zeit?!
AMME	Ich wurde aufgehalten
	von höheren Gewalten!
JULIUS	So, so, also von deiner Geschwätzigkeit!
AMME	Gegen seine Schwächen ist kein Mensch gefeit!
JULIUS	Lange Rede, kurzer Sinn: Trafst du Romeo?
AMME	Ja, ja, und als er mich sah, freute er sich sehr und
	mir ging's ebenso.
JULIUS	Das interessiert mich alles nicht, ich will nur eines
	wissen: Hält er Wort?
AMME	Ja, er will mit dir so schnell wie möglich weg von
	diesem Ort!
JULIUS	Ha! Dann bin ich also, statt an die alte Gräfin bald gekettet,
	frei in Kürze und gerettet?!

AMME	Richtig, nur eine klitzekleine Hürde müßtest du noch überwinden.
JULIUS	Was denn für 'ne Hürde?
AMME	Es ist nicht wirklich ein Problem, als eine Kleinigkeit wirst du's empfinden!
JULIUS	Das entscheide ich, sobald ich weiß, worum es geht.
AMME	Nun sagen wir, es hat der Wind ein wenig sich gedreht.
JULIUS	Was zum Teufel schwafelst du da nur?!
AMME	Also ich weiß nicht, ob ich das jetzt richtig 'rüberbringe. Es ist nicht schlimm, nur einen kleinen Umweg nehmen halt die Dinge.
JULIUS	Ich verlang' jetzt, reinen Wein mir einzuschenken!
AMME	Ja, ja, ich muß nur das „Wie" noch überdenken.
JULIUS	Nein, das mußt du nicht! Denn mir zu sagen, was hier Sache ist, gehört zu deiner Pflicht!
AMME	Nun gut, ich gestehe, Romeo will die Ehe!
JULIUS	Ha! Was für ein Graus, vom Regen in die Traufe! Das fällt natürlich aus.
AMME	Aber bedenke doch, der Mann hat Geld, du wärest frei, käm'st um die Welt.
JULIUS	Das ist mir egal. Ich eheliche keinen Mann.
AMME	Aber warum denn nicht, womöglich es auch schön sein kann.
JULIUS	Was? Jetzt willst du mich auch noch verkuppeln mit dem Herrn!
AMME	Nein, ich sag' ja nur, du solltest gegen 'was Neues dich nicht sperr'n.
JULIUS	Ein für alle mal: Nein, nein, nein!
AMME	Aber die Eheschließung ist doch nur zum Schein.
JULIUS	Ehe ist Ehe, wie auch immer ich es drehe.
AMME	Aber Julius! Diese Ehe will der Romeo ja einzig nur mit Julia. Und „Julia" ist's doch auch, die das Ja-Wort spricht, und sobald du wieder „Julius" bist, der Eh'kontrakt zerbricht!

JULIUS	Amme, Amme, auch wenn du außen bist schon
	recht zerknittert,
	im Geist bist du noch nicht verwittert!
AMME	Also bist du jetzt im Rennen?
JULIUS	So könnte man es nennen!

Amme und Julius ab.

II. AKT – 5. Szene

Pater Lorenzos Zelle

Romeo und Bruder Marcus treten auf.

ROMEO	Ihr wißt ja, Bruder Marcus, auf das Schreiben und das
	Dichten
	konnt' ich noch nie so recht verzichten.
	So hab' ein Verslein ich verfaßt,
	das gut zu meiner Hochzeit paßt.
	Wollt Ihr hör'n?
MARCUS	Bitte.
ROMEO	"Ein Wesperich beim wilden Fliegen
	sah im Gras ein Bienchen liegen.
	Gleich stellt er seinen Stachel auf
	und stürzt sich auf das Bienchen drauf.
	Das Bienchen aber, kurz und schlicht,
	fand sein Stechen so schlecht nicht."
MARCUS	Es ist recht schön, Euch so zu lauschen.
	Bei so viel Glück möcht' mancher tauschen.
ROMEO	Glaubt mir, Bruder, ich kann Eure Klosternot so gut
	versteh'n.
MARCUS	Laßt uns das Thema wechseln und nach Julia seh'n.
ROMEO	Ich kann sehr viel mehr noch deklamieren!
MARCUS	Wir woll'n die Hochzeit aus den Augen nicht verlieren.

Romeo und Bruder Marcus ab. Auftritt Pater Lorenzo, Amme und Julius, Julius wieder seiner Verkleidung als Julia.

LORENZO … ich war ehrlich sehr erstaunt zu hör'n,
daß Capulets noch eine Tochter haben.

JULIUS Nun, manche Äpfel bleiben lange ungeseh'n am
Baume hängen,
und man soll sie herabzufallen und sich zu zeigen auch
nicht drängen.

LORENZO Kluge Worte. Man merkt, daß Ihr beim Studium dort
in Wittenberg
wahrhaftig fleißig ging't zu Werk.

JULIUS Wittenberg?

AMME Ja, ja, ein deutsches Studium
läßt junge Menschen niemals dumm!

LORENZO Da denkt in Pisa man ganz anders drüber.

JULIUS Wechseln wir das Thema lieber.

Pater Lorenzo, Amme und Julius ab. Auftritt Romeo und Bruder Marcus.

ROMEO … natürlich werd' ich Julia niemals drängen.
Sie wird schon wissen, was rund um die Uhr, ob
Tag, ob Nacht,
den Ehegatten glücklich macht.
Zur Sicherheit werd' ich 'nen Vers ihr über's Eh'bett hängen:
„Soll herrschen in der Ehe Friede,
sei zum Gatten niemals prüde."
Ja, das ist gut.

Romeo ab.

MARCUS Ach, könnte ich mit ihm doch tauschen,
statt nur immerfort zu lauschen.

Bruder Marcus ab. Auftritt Pater Lorenzo, Amme und Julius, Julius weiterhin in Frauenkleidern.

LORENZO Ich hoffe nur, daß Ihr zu dieser Eh' auch wirklich seid bereit.

JULIUS	Wie meint Ihr das? Ich versteh' Euch nicht. Tut mir wirklich leid.
LORENZO	Nun ja, äh, habt Ihr vor Eurer Hochzeitsnacht Erfahrung schon mit einem Mann gemacht?
JULIUS	Nein! Ich blieb stets tugendhaft allein und ließ niemanden in mich hinein!
LORENZO	Dann stellt Euch bei der Hochzeitsnacht auf manches ein, denn nach dem, was ich vom Beichten weiß, ist Romeo ein kleines Schwein!

Pater Lorenzo ab.

AMME	Was hat er gesagt?
JULIUS	Äh … nichts von Bedeutung.

Julius und Amme ab. Auftritt Bruder Marcus und Romeo.

MARCUS	… da ich's nicht schaff', den Trieb zum Weib in mir zu töten bin ich jeden Tag in schweren Nöten. Und schaff' ich's doch einmal, am Tag den Trieb zu halten fest im Zaum, quält in der Nacht mich dann ein feuchter Traum!
ROMEO	Aber da gibt's doch sicher was, das das Tragen dieser feuchten Bürde ein wenig Euch erleichtern würde.
MARCUS	Nun, ich überlege, ob nicht vielleicht ein Mann gelegentlich mir helfen kann.
ROMEO	Ein Mann?!
MARCUS	Ja, ja. Wißt Ihr eventuell, wie man auf dem Gebiet ein wenig Lebensfreude zu sich zieht?
ROMEO	Tut mir leid, Euren Wissensdurst kann ich beim besten Wille in dieser Hinsicht Euch nicht stillen.
MARCUS	*zu sich* Mist!
ROMEO	Ich persönlich könnte mir auch niemals denken, Liebe einem Mann zu schenken!

Auftritt Pater Lorenzo.

| LORENZO | Bruder Marcus, hol' Julia auf der Stelle, |
| | sie wartet schon in der Kapelle. |

Bruder Marcus ab.

LORENZO	Eine Urkund' kriegt ihr aber nicht,
	die hat Beweiskraft vor Gericht.
ROMEO	Ihr habt es fest versprochen mir!
LORENZO	Die Trauung ja, doch nicht Papier!
	Und denk dran: zum Lohn zwei Päckchen von dem
	neuen Kraut!
ROMEO	Keine Sorge, es ist schon reichlich angebaut!

Auftritt Julius, in Frauenkleidern wie bisher, und Amme.

ROMEO	*mit Pathos* Oh, wie an meinem trüben Horizont
	plötzlich aufgeht, ach, die holde Sonne!
	Oh, wie ihre Wärme gleich und auch ihr Licht
	mich durch und durch erfüllt mit Wonne!
	Oh, wie, da du, oh Julia, hier nun bist, gleich ganze Sinfonien
	mir klingend durch die Seele zieh'n!
JULIUS	Äh … schön, dich zu seh'n,
	dann laß' mal zum Altar uns geh'n.

Romeo will sofort loslaufen.

| LORENZO | Na, na, nicht gleich so mit Eile – |
| | nur was langsam wächst, bleibt lange heile! |

Julia, Amme und Romeo ab.

LORENZO	Wohin das noch führen wird, das scheint mir ziemlich offen.
	In solchem Fall bleibt eines nur:
	Fleißig beten, tapfer hoffen.
	Zehn Minuten Pause.

Pater Lorenzo ab.

PAUSE

III. AKT – 1. Szene

Straße

Auftritt Anton, ein Diener Capulets.

ANTON Psst! Werter Herr! Hallo, Graf Capulet!

Auftritt Graf Capulet.

CAPULET Und du meinst, jetzt treffe ich sie wirklich an?
ANTON Ganz sicher! In Eurem Auftrag beschattete ich sie ohne
Pause
und behielt die Dame stets im Blick.
Und ich versich're Euch: Gräfin Pariser ist zu Hause!
CAPULET Das wurd' verdammt noch mal auch Zeit,
denn den Druck im Mittelfeld
krieg' ich per Hand nicht abgestellt!
ANTON Welchen Druck?
CAPULET Das geht dich gar nichts an! Was stehst du hier noch rum?
Mach', daß du nach Hause kommst,
sonst hau' ich dir das Rückgrat krumm!

Anton ab.

CAPULET Nun denn, den Kessel voller Dampf,
auf in den Liebeskampf!

Auftritt Gräfin Pariser.

PARISER Ha! Graf Capulet, was schleicht Ihr hier düster um
die Ecken?
CAPULET „Schleichen" ist das rechte Wort,
doch wird daraus in Kürze schon ein Krauchen,
kann ich Euch nicht, wie abgesprochen,
mit Inbrunst bald gebrauchen!

PARISER   Mein lieber Graf, natürlich will ich Euch zu Diensten sein.
           Habt Vertrauen, ich werd' in Bälde nach Euch schicken
           und Euch dann rundherum beglücken!
           Übt nur noch kurz Euch in Geduld und helft bis
                                              dahin Euch allein.
CAPULET   In Geduld hab' ich genug mich jetzt geübt,
           und meine Stimmung ist darum schon recht betrübt.
           Ich verlang' verbindlich mir jetzt Zeit und Ort zu nennen,
           wo und wann wir miteinander pennen!
PARISER   Sobald ist reif die Zeit!
           Nur für heute tut's mir leid:
           Ich muß noch einem wichtigen Termin nachgeh'n,
           und danach will der Pater mich in der Kirch' zur
                                              Beichte seh'n.

Gräfin Pariser ab.

CAPULET   Gräfin Pariser! Gräfin Pariser!
           Ich muß nach einem Mittel sinnen,
           das mich attraktiver macht
           und ihre Lust auf mich entfacht,
           so daß sie's nicht mehr schafft, mir zu entrinnen!
           Denn es gerät schnell außer Rand und Band
           ein Mann wie ich, wenn er sich nicht entspannt!

Graf Capulet ab.

III. AKT – 2. Szene

Straße

Auftritt Benvolio und Mercutio.

BENVOLIO   Herr Gott, Mercutio, du raubst mir noch die letzten Nerven!
MERCUTIO   Oh, ich möchte schreien, weinen, mich auf die Erde werfen!
           Bist du denn wirklich sicher, daß Romeo mit der Amme?

BENVOLIO	So sicher wie auch sicher ist, daß ich nicht von der
	Venus stamme!
	Als die Amme kam, hat Romeo mich weggeschickt,
	dann tuschelten die beiden, um zu klär'n, was ihm gefällt,
	dann waren beide ganz entzückt,
	und dann gab Romeo ihr Geld –
	wofür ist ja wohl klar, oder muß ich dir noch mehr erzählen?
MERCUTIO	Nein, nein, das würde nur noch mehr mich quälen!
	Wie verzweifelt muß mein Romeo sein,
	daß er sich läßt auf diese Alte ein!
	Oh, wäre doch geboren ich als Weib,
	dann könnt' auch ich ihm bieten einen Frauenleib!
BENVOLIO	Also wenn's gar nichts weiter ist,
	ich dafür eine Lösung wüßt'.
MERCUTIO	Welche?!
BENVOLIO	Laß' dich operieren!
MERCUTIO	Bitte?
BENVOLIO	Na was „bitte"? Es ist doch heutzutage üblich,
	je nach Laune, Wunsch und Ziel
	den Körper zu verändern sich,
	sei es wenig, sei es viel!
MERCUTIO	Wirklich?
BENVOLIO	Aber sicher. Wer mit seinen Ohren segeln kann,
	dem legt man seine Segel an.
	Wem im Gesicht fehlt etwas Kinn,
	kriegt dort 'nen Schenkelknochen hin.
	Und wer zu fett ist, der verliert
	das Fett, indem man saugt und operiert.
MERCUTIO	Donnerwetter!
BENVOLIO	Und dies alles gilt dann auch genau,
	willst werden du vom Mann zur Frau!
MERCUTIO	Unglaublich!
BENVOLIO	Aber wahr! Und ich kenn' auch einen Fleischermeister,
	der nach dem Rinderwahn sich neu hat orientiert
	und der dich für ganz wenig Geld
	fast schmerzfrei operiert!

MERCUTIO   Ich denk' drüber nach.
Es hat ja auch was Gutes, daß Romeo liebt der
                                Amme Schoß!
Ich bin die Alte dadurch los!

Auftritt Amme.

AMME   Huhu! Mercutio!
MERCUTIO   Oh nein, verflucht!
AMME   Wie glücklich bin ich, Euch zu seh'n,
ich hab' Euch überall gesucht!
Wie geht es Euch?

Mercutio will fliehen, aber Benvolio hält ihn auf.

BENVOLIO   Nun, jetzt, wo er Euch nah sein kann, geht's ihm so
                                    richtig gut!

Er schubst Mercutio zur Amme, der ihr in den Busen stolpert.

AMME   Oh, Mercutio! Ihr glaubt ja nicht, wie wohl Ihr tut!
MERCUTIO   Ich möcht' Euch wirklich innig bitten:
Nehmt mein Gesicht aus Euren Titten!

Auftritt Romeo.

ROMEO   Sei nicht schüchtern, Mercutio:
Die Frau hat Qualitäten, durch die es dir bald
                                  bestens geht!
BENVOLIO   Ja, ja, wenn man das nöt'ge Kleingeld hat und auf
                                Fossilien steht!
AMME   Lümmel!
BENVOLIO   Angenehm, Benvolio!
MERCUTIO   Still! Da kommt Tybalt, wie ein Küchenherd vor
                                  Zorn so heiß!

Auftritt Tybalt.

TYBALT	Romeo, du Milchgesicht!
	Zieh' die Klinge, wenn du nicht willst,
	daß Tybalt dir den Wanst zersticht!
ROMEO	Tybalt, steck' dein Schwert nur ein,
	denn aus Gründen, die ich noch nicht nennen kann,
	werden wir bald enge Freunde sein!
TYBALT	Eher fallen Ostern und Weihnachten auf einen Tag!
	Und nun, wehr' dich wie ein Mann!

Tybalt fuchtelt mit seinem Degen und trifft unbeabsichtigt Benvolios Männlichkeit.

| BENVOLIO | *im Falsett* Oouuh! Ich bin am Allerheiligsten getroffen! |
| TYBALT | Gib nicht so an. Treffen kann man nur, was auch vorhanden ist! |

Benvolio ab.

| ROMEO | Warte Tybalt, wer meine Freunde frech entmannt, |
| | erleidet gleiches dann von meiner Hand! |

Tybalt lacht Romeo aus, der aber schwingt den Degen und trifft auch Tybalt am Allerheiligsten.

TYBALT	*im Falsett* Oouuh!
OFFSTIMME	Schon wieder ein Streit zwischen Capulet und Montague!
OFFSTIMME	Los, alle hin! Alle hin!
OFFSTIMME	Ja geben die denn niemals Ruh'!
OFFSTIMME	Nur nach Streiten steht ihr Sinn!
OFFSTIMME	Egal. Nichts wie hin, nichts wie hin!
MERCUTIO	Romeo! Du mußt sofort die Stadt verlassen,
	sonst werden sie dich fassen!
ROMEO	Oh Gott, oh Gott!
MERCUTIO	Keine Angst, ich flieh' mit dir, ich laß' dich nicht im Stich.
	Komm' so schnell du kannst zur Kirche, ich warte dort
	incognito auf dich!

Mercutio ab.

ROMEO   Oh, ich werde Julia niemals wiederseh'n!
               Mein Herz wird dran zerbrechen, ich bin im Grund'
                                                        schon tot!
AMME   So geht es mir auch mit Mercutio!
               Doch hab' ich 'ne Idee, die vielleicht uns hilft aus uns'rer Not!
               Kommt, kommt!

Amme und Romeo ab. Auftritt Balthasar und Bartholomäus.

BARTHOLOM.   Seht, seht, der Tybalt ist entmannt!
               Holt einen Wundarzt! Holt einen Wundarzt!
TYBALT   *am Boden liegend* Nein, holt Nadel und Faden,
               vielleicht ist noch was zu retten!
BALTHASAR   Nein, der Himmel hat zu recht Bestrafung ihm gesandt,
               so wie er es trieb in allen Betten!
BARTHOLOM.   Still, still! Die Fürstin kommt, die Fürstin kommt!

Auftritt Fürstin.

FÜRSTIN   Was? Wie? Schon wieder Streit am Platze?
               Obwohl ich es verboten hab', zeigt sich schon wieder
                                                        hier die Fratze
               von Mißgunst, Neid und Haß
               und zerstört auch noch im blut'gen Streit
               Veronas Zeugungsfähigkeit?

Balthasar und Bartholomäus kichern.

FÜRSTIN   Ruhe! Ich will wissen, wer hier unbesonnen
               das Entmannen hat begonnen!
TYBALT   *im Falsett* Romeo war der Eierstecher!
               Und ich wünsch' vom Himmel nur noch eines:
               einen blutrünstigen Rächer!
FÜRSTIN   Nun gut! So befehle ich, daß alle Bürger dieser Stadt
               zur Suche sich verbünden,
               um Romeo, den bösen Schuft,
               so schnell es geht zu finden!

Fürstin, Balthasar und Bartholomäus mit Tybalt ab. Auftritt Amme und Romeo, die ihre Kleider getauscht haben.

AMME   Also nicht vergessen: Das Tuch stets tief ins Gesicht
            und zu allem „Ja und Amen" sagen, dann erkennt man
                                            Euch auch nicht!
ROMEO   Dann tauch' ich unter bei den Capulets für eine kurze Zeit,
            bis zur Flucht mit Julia sich bietet die Gelegenheit!
AMME   Richtig! Und ich flieh', getarnt als Romeo,
            statt Eurer mit Mercutio!

Amme und Romeo ab.

III. AKT – 3. Szene

Julius' Kammer

Auftritt Julius, als Frau verkleidet wie bisher, mit einer Reisetasche.

JULIUS   Vor einer Stunde schon wollt' sie zurück sein, meine
                                            liebe Amme,
            mit Fluchtplan, Strick und Leiter und allem Drum und Dran!
            Doch sie läßt mich schon wieder warten, während im
                                            Hause unten Frau Pariser
            beackert meine Mutter, daß sie mich schneller kriegen kann!

Auftritt Romeo, als Amme verkleidet, das Kopftuch ins Gesicht gezogen.

JULIUS   Ha! Da bist du ja!
ROMEO   Psssssst!
JULIUS   Was?
ROMEO   *das Tuch vom Kopf ziehend* Tätärätääääää!
JULIUS   Romeo! Äh. *wiederholt mit verstellter Stimme* Romeo!
ROMEO   Endlich nun bei dir!
JULIUS   Wieso „Endlich nun bei dir"?! Ich dacht', wir wollten
                                            flüchten!

ROMEO	Tut mir leid, aber darauf müssen wir vorerst verzichten!
JULIUS	Was?!
ROMEO	Nun, es gab da einen Zwischenfall, bei dem Tybalt, dieser blöde Thor, seine Männlichkeit durch mich verlor.
JULIUS	Nein!
ROMEO	Doch! Und deshalb werd' ich jetzt verfolgt.
JULIUS	Oh Graus, dann ist alles aus!
ROMEO	Aber, aber! Hat sich die Lage erst beruhigt nach ein'ger Zeit, findet sicher sich für uns're Flucht Gelegenheit!
JULIUS	Und was passiert bis dahin bitte?!
ROMEO	Bis dahin werde ich, als Amme gut getarnt, hier bei euch im Hause bleiben!
JULIUS	Was?!
ROMEO	Aber Julia, freu' dich doch, heut' ist uns're Hochzeitsnacht, und wir könn' es miteinander treiben!
JULIUS	Na, so weit kommt's noch!
ROMEO	Ja, ja, das kenne ich: Erst zeigt das Weib nur Widerstand, doch dann ist's außer Rand und Band! Also gib mir endlich einen Kuß, du süße, kleine Frau!
JULIUS	Finger weg, sonst hau' ich dir die Glocken blau!
ROMEO	So launisch plötzlich? Entschuldige, daß ich so offen frage: Bist du hormonbedingt in einer Sonderlage?
JULIUS	Blödsinn! Es gibt nur einen Grund für meine scharfen Worte: Wir müssen schnellstens weg von diesem Orte!
ROMEO	Das geht aber nicht, denn die Stadttore sind dicht!
JULIUS	Nun gut, dann geh' ich jetzt zum Pater hin. Er ist vielleicht der Einz'ge noch, dem ein Weg für uns're Flucht kommt in den Sinn!
ROMEO	Gute Idee, ich werde dich begleiten!
JULIUS	Auf keinen Fall. Du versteckst dich hier und wagst dich nicht durch diese Tür. Denn schnappen dich der Fürstin Häscher weg, sitzen wir erst recht im Dreck!

Julius ab.

ROMEO Oh, welch ein Feuer meine Julia doch entwickeln kann,
so energisch und so heiß, fast schon wie ein Mann!

GRÄFIN CAP. *von draußen* Zuckerschnäuzchen, wo bist du?

ROMEO Verflucht!

Romeo wirft sein Kopftuch über und „verwandelt" sich wieder in die Amme. Auftritt Gräfin Pariser und Gräfin Capulet.

PARISER Habt Ihr nicht gesagt, das süße Kind, es wär' zu Haus'?

GRÄFIN CAP. Ja, ja, ich dachte. Aber vielleicht ging's nur kurz aus.
Das Wichtigste ist doch, daß wir uns einig sind –
zwanzig Beutel Gold und die besagten Ländereien noch
dazu,
wenn ich Euch heute noch zur Hochzeit freigeb' unser Kind!

PARISER Nicht nur heute, sondern sofort! Und zwar ohne daß
Euer Mann davon erfährt!

GRÄFIN CAP. Keine Sorge, er wird erst nach der Eheschließung über
das Gescheh'n belehrt!

PARISER Gut, dann geh' ich jetzt zum Pater, um alles für die
schnelle Heirat abzusprechen.
Ihr sucht Euer Kind inzwischen
und schickt es mir zur Kirche, bevor es kann entwischen!

GRÄFIN CAP. Keine Sorge, das Kind, es wird sich fügen und mir
nicht widersprechen!
Amme!

ROMEO Ja, gnäd'ge Frau?

GRÄFIN CAP. Lege Männerkleidung für das Kind bereit,
sonst denkt der Pater, wir wär'n nicht ganz gescheit!

PARISER Aber zur Hochzeitsnacht wünsch' ich, damit sie
lustvoll auch gelingt,
dann ein Kleidchen unbedingt!

GRÄFIN CAP. Das könnt Ihr halten, wir Ihr wollt! Das Kind ist ja
dann Euer!

PARISER	Oh, wie freu' ich mich auf dieses Abenteuer:
	Verheiratet mit einer Frau,
	die nichts Männliches vermissen lässt –
	das sucht' ich jahrelang genau!

Gräfin Pariser ab.

GRÄFIN CAP.	Also das ist doch … pervers!

Gräfin Capulet ab.

ROMEO	Unfaßbares Geschehen! Erst hing der Himmel voller Geigen,
	nun ist er leer gefegt und grau:
	Meine Julia wird als Mann
	verheiratet mit einer Frau!
	Ich muß, gut getarnt als Amme, sofort zur Fürstin hin,
	um sie zu informieren
	über das, was der Clan der Capulets hier hat im Sinn!
	Dann wird die Heirat sie verhindern, und ich werd'
	Julia nicht verlieren!

Romeo ab.

III. AKT – 4. Szene

Kirche

Auftritt Pater Lorenzo und Bruder Markus, Pater Lorenzo einen riesigen Joint rauchend.

LORENZO	Hm! Oh! Ah!
MARCUS	Und, Pater, und?
LORENZO	Beim heiligen Sankt Franz! Hhhmm! Aaaahhhh!
MARCUS	Was ist?! Was ist?!
LORENZO	Donnerlittchen! Donnerlittchen!
MARCUS	So redet doch!

LORENZO	Das ist wirklich allerbeste Ware, die uns Romeo da
	geschickt hat!
MARCUS	Dann laßt mich auch mal rauchen,
	sonst seid Ihr ganz alleine platt!
LORENZO	Nicht so schnell! An solche Kost ist Euer Geist noch
	nicht gewöhnt!
	Ein Zug zuviel und Ihr seid völlig zugedröhnt!
MARCUS	Dagegen wär' bei uns'ren grauen Klostertagen
	doch beim besten Willen nichts zu sagen!
LORENZO	Ja, ja, aber es könnten Dinge, die gar nicht gut Euch
	tun, gescheh'n.
MARCUS	Was für Dinge? Wie soll ich das versteh'n?
LORENZO	Was für Dinge! Was für Dinge!
	Ihr könntet unsere schöne lilafarbene Sonne da
	zum Beispiel für den Mond ganz plötzlich halten!
MARCUS	Lilafarbene Sonne?
LORENZO	Oder jenen weißen Elefanten dort für unseren Altar!
MARCUS	Aber das ist doch unser Altar!
LORENZO	Seht Ihr, seht Ihr? Es geht schon los bei Euch!
MARCUS	Wie? Was?
LORENZO	Seit wann tragt Ihr eigentlich Dauerwelle, Bruder?
MARCUS	Aber Pater …
LORENZO	Was heißt hier „Pater", gute Dame,
	„Benedictus" ist mein Name!
MARCUS	Herr im Himmel!
LORENZO	Still, ich höre Schritte! Wahrscheinlich ist's Gevatter Tod,
	denn schließlich herrscht hier Rauchverbot!

Pater Lorenzo macht ein paar hastige Züge, wirft dann den Joint auf die Erde und tritt ihn aus. Auftritt Julius, in Frauenkleidern wie bisher.

JULIUS	Pater Lorenzo!
LORENZO	Ha!
MARCUS	Was ist?
LORENZO	Die heilige Mutter mit dem Kinde!
JULIUS	Die Weihrauchbrüder haben doch echt was an der
	Großhirnrinde!
MARCUS	Kommt zu Euch, Pater, das ist Julia von den Capulets!

LORENZO	Habt Ihr im Kopfe denn nur Stroh?!
	Das ist die heil'ge Mutter, aber natürlich doch incognito!
JULIUS	Laßt jetzt diese blöden Witze, ich hab' ein ernsthaftes
	Problem!
LORENZO	Ich weiß, Ihr habt ein Kind empfangen und wißt nicht
	mehr von wem!
JULIUS	Nein, mir droht schon wieder Heirat, Pater!
LORENZO	Ach, dann kriegt das Jesuskind 'nen Vater?
JULIUS	Nein, denn ich bin doch schon verheiratet.
LORENZO	Dann steigt Ihr halt zu dritt ins Bett!
	die Melodie des berühmten Hochzeitsmarsches singend
	La La Lala! La La Lala! Lalalalalalalala ...
JULIUS	Bruder Marcus! Bringt den Pater zu sich!
	Ich soll verbändelt werden mit der Frau Pariser,
	doch er darf mich mit dem Weib nicht trau'n!
MARCUS	Ja gut, dann müßte ich mal schau'n.
JULIUS	Was?
MARCUS	Ich meine, sicher haben wir 'ne Kräuterpille,
	die den Pater wieder zu sich bringt, daß ruhig er wieder
	wird und stille.
	Nur, wenn ich Euch dann helfe, was hätte das dann mir
	gebracht?
JULIUS	Also gut, was wollt Ihr haben?
MARCUS	Nun, ich würd' zu gern an jenem Kraut mich laben,
	das alle rauchen, weil's die Sonne lila und den Altar
	zum weißen Elefanten macht!
JULIUS	Gut, ich werd' es morgen
	gleich besorgen!
CAPULET	*von draußen* Pater Lorenzo! Bruder Marcus! Wo seid Ihr?
JULIUS	Mein Vater! Wimmelt ihn ab, Bruder, er darf mich niemals
	finden hier!
MARCUS	Gut, aber das verdoppelt das Entgelt!
JULIUS	Nun weiß ich, was die Kirche im Innersten zusammenhält!
	Pater, kommt, ich muß mit Euch reden!
LORENZO	*singt leise vor sich hin*
	La La Lala! La La Lala! Lalalalalalalala ...

Julius zieht Pater Lorenzo mit hinaus.

III. AKT – 5. Szene

Kirche

Auftritt Graf Capulet, in den gleichen Frauenkleidern, mit ebenso riesigen Brüsten und mit der gleichen Damenperücke wie Julius.

CAPULET   Bruder Marcus!

MARCUS   Beim Himmel! Die Oma der heiligen Mutter!

CAPULET   Redet keinen Blödsinn! Ich bin's, Graf Capulet! Wo ist sie?

MARCUS   Wer?

CAPULET   Gräfin Pariser!

MARCUS   Ich dacht', mit der seid Ihr längst fertig!

CAPULET   Würd' ich dann so verbogen vor Euch steh'n?

MARCUS   So gelang es ihr, Euch zu entgeh'n?

CAPULET   Ja, verdammt! Und dank Eurer blöden blauen Pille,
läßt mich der Gedanke an Matratzen
bei jedem Schritte fast zerplatzen.

MARCUS   In diesem Falle muß ich passen.
Die Gräfin ist nicht hier,
da hilft Euch nur das Selbstbefassen.

CAPULET   Das hab' ich schon versucht!
Doch hat die Hand dabei versagt,
sie ist dafür zu gichtgeplagt.

MARCUS   Dann geht doch in ein Freudenhaus!

CAPULET   Auch das kann ich nicht, denn für die bezahlte Weiberwelt
fehlt mir das nöt'ge Taschengeld.
Drum werd' ich die Pariser hier erwarten
und, wenn sie kommt, den Angriff starten.

MARCUS   Was? Hier? In unser'm Gotteshaus?!

CAPULET   Wo denn sonst? Hier wird doch Liebe stets gepredigt!

MARCUS   Ja, aber doch nur die Nächstenliebe
und niemals die der Körpertriebe,
die wird stets zu Haus erledigt!

CAPULET   Das ist mir egal! Darf nicht erfreuen hier die Gräfin mich,
mach' ich Euren Pillenhandel vor der Fürstin öffentlich!

MARCUS	Oh, bitte nicht, das würd' die Kirchenkasse nicht verkraften.
CAPULET	So darf ich bleiben zum Entsaften?
MARCUS	Na gut. Wartet in der Sakristei.
	Kommt die Gräfin dann vorbei,
	werd' ich gleich sie zu Euch schicken,
	dann könnt Ihr heftig sie beglücken!
CAPULET	Na bitte, geht doch!

Graf Capulet ab.

MARCUS	Oh Herr im Himmel, wenn's mir nicht gelingt,
	den Pater wieder fit zu machen,
	dies Gotteshaus im Chaos bald versinkt.

Bruder Marcus ab.

III. AKT – 6. Szene

Kirche

Von draußen ist Pater Lorenzo zu hören.

| LORENZO | Ein Pferd, ein Pferd, ein Königreich nur für ein Pferd! |

Auftritt Julius, nach wie vor in Frauenkleidern, und Pater Lorenzo.

JULIUS	Pater Lorenzo, hört mir doch mal zu!
LORENZO	Freunde, Mitbürger, Römer! Ophelia darf nicht an den Pranger!
JULIUS	Pater Lorenzo!
LORENZO	Ja!
JULIUS	Ich bin weder die Ophelia, noch stehe ich am Pranger,
	ich bin einzig und alleine hier …
LORENZO	… weil Ihr seid ein bißchen schwanger!
JULIUS	Oh, nein!

LORENZO	Beruhigt Euch, alles ist in Butter,
	jetzt fällt's mir wieder ein, Ihr seid die heil'ge Mutter!
JULIUS	Nein, nein, nein!
LORENZO	Macht Euch keine Sorgen.
	Ihr könnt getrost auf dem Altartisch liegen
	und so ganz ruhig den Jesus kriegen!
JULIUS	Das werd' ich nicht, weil ich keine Kinder kriegen kann,
	denn ich bin verdammt noch mal ein Mann!

Auftritt Bruder Marcus.

MARCUS	Pater Lorenzo!
LORENZO	Bruder Marcus, jauchzet und frohlocket, die heil'ge
	Mutter ist ein Mann!
MARCUS	Jetzt wird's wirklich Zeit für eine Pille!
PARISER	*von draußen* Pater Lorenzo! Wo seid Ihr?!
JULIUS	Mist! Gräfin Pariser!
MARCUS	Ich kümmere mich um sie!
	Gebt dem Pater eine Pille, sonst kommt er zu sich nie!

Er drückt Julius einen Pillenbeutel in die Hand und verschwindet.

JULIUS	He! Wie soll den Auftrag ich erfüllen?
	Welche ist die Richtige von diesen vielen bunten Pillen
LORENZO	*leise vor sich hin singend* Lalalala … tralalala …
JULIUS	*zu sich* Ne Rote macht es sicher schlimmer.
	Ne Grüne scheint mir noch viel dümmer.
	Ha, am eh'sten wird ihn wohl erbauen,
	geb' ich ihm eine von den Blauen!
	zu Lorenzo Nehmt dies als Stärkung von mir an.

Pater Lorenzo nimmt die Pille und schluckt sie hinunter.

LORENZO	Beim heiligen Sankt Franz, es packt just eine Kraft mich an,
	die eine längst vergess'ne Sphäre heiß belebt!
JULIUS	Oh Gott!
LORENZO	Schon treibt es mich zu wilden Taten,
	da ganz gewaltig meine Mitte bebt!

PARISER	*von draußen* Nein! Ich muß den Pater sprechen!
	Es geht um eine Blitzheirat!
JULIUS	Und wenn sie Stunden mit ihm spricht,
	mich kriegt die Alte sicher nicht!

Julius ab.

III. AKT – 7. Szene

Kirche

Auftritt Gräfin Pariser und Bruder Marcus.

PARISER	Pater! Endlich! Euer Hofhund wollte mich nicht zu
	Euch lassen!
	Offensichtlich kann er meine Wichtigkeit nicht im
	Mindesten erfassen!
LORENZO	Oh bitte, laßt sie nicht zur Ruhe kommen,
	Eure wunderbaren Kissenpolster-Lippen …
MARCUS	Oh Gott, er nahm die falsche Pille.
LORENZO	… die mit jedem Öffnen, jedem Schließen
	Sinnlichkeit in diese Welt ergießen!
PARISER	Bitte?!
LORENZO	Oh, könnt' ich einmal mit Euch schmusen
	und heiß berühren Euren Busen!
PARISER	Aber Pater!
LORENZO	Ihr seid so maßlos schön, daß ich mit Eurer
	wohlgeformten Landschaft
	machen muß sofort Bekanntschaft!
PARISER	Was für eine Predigt!
LORENZO	Laßt uns erklimmen himmlisch' Gipfel
	beim Ertasten uns'rer Zipfel!
PARISER	Gut, den Pater nehme ich noch mit,
	dann bin ich für den Julius fit!

Gräfin Pariser und Pater Lorenzo ab.

MARCUS	Pater Lorenzo! Widersteht!
	Was Euch da ruft in ihre Grube
	ist Anfechtung des Belzebube!
	Oh je, was soll ich denn jetzt machen?

III. AKT – 8. Szene

Kirche

Auftritt Gräfin Capulet.

GRÄFIN CAP.	Bruder Marcus!
MARCUS	Ha! Gräfin Capulet!
GRÄFIN CAP.	Ich such' Gräfin Pariser. Ist sie schon in der Kirche hier?
MARCUS	Ja, aber sie ist, äh, beim Pater in der Beichte,
	wartet bitte vor der Tür.

Lustvolles Gekicher im Hintergrund.

GRÄFIN CAP.	Sagtet Ihr nicht gerade … „Beichte"?
MARCUS	Nun, der Pater versucht die Beichte stets ein wenig mit
	Humor zu würzen.
PARISER	*von draußen* Oh ja, mein Pater, greift nur zu,
	wie ich es ja bei Euch auch tu'!

Der Mantel von Gräfin Pariser fliegt auf die Bühne, Marcus hebt ihn auf.

GRÄFIN CAP.	Mir scheint eher, der Pater versucht die Beichterin
	in neue Sünden gerad' zu stürzen.
MARCUS	Auf keinen Fall, da habt Ihr Euch verhört!
	Und nun müßt Ihr geh'n, weil ihr hier wirklich stört!
GRÄFIN CAP.	Nein! Ich werd' ganz sicher jetzt nicht geh'n.
	Erst will zum Pater und zur Gräfin ich
	und beiden schön den Hals umdreh'n!
MARCUS	Seid Ihr verrückt? Das dürft Ihr nicht!

GRÄFIN CAP.   Aber sicher darf ich das! Die Gräfin wollt heut' heiraten
mein Kind,
stattdessen macht der geile Pater sie mir abspenstig
geschwind!
Laßt mich durch!
MARCUS   Nein!
GRÄFIN CAP.   Aus dem Weg, sonst schrei' ich, daß die Kirchenfenster
springen!
MARCUS   Versucht es nur, es wird Euch nicht gelingen!
GRÄFIN CAP.   Aaaaaaaaaaahhhhhhhh …

*Bruder Marcus wirft Gräfin Capulet den Mantel Gräfin Parisers über
den Kopf, packt sie und presst sie an sich, um sie zum Schweigen zu
bringen.*

GRÄFIN CAP.   Haaammmpfff!
MARCUS   Ihr glaubt wohl, mit einem Kirchenbruder kann man
alles machen.
Da habt Ihr Euch geschnitten, denn jetzt stopf' ich
Euch den Rachen!
GRÄFIN CAP.   Haaammmpfff!!
CAPULET   *von draußen* Bruder Marcus! Bruder Marcus!
Wo bleibt die Gräfin denn, verdammt noch mal?!

*Auftritt Graf Capulet, in Frauenkleidern. Sein Blick fällt auf seine in
Gräfin Parisers Mantel eingehüllte Ehefrau, die er dadurch für Gräfin
Pariser hält.*

CAPULET   Ha, jetzt verstehe ich: Die Gräfin ist auch Eure Wahl!
MARCUS   Was? Nein, nein …
CAPULET   Ich hab's ja immer schon geahnt, daß Ihr ein
sexueller Trittbrettfahrer seid!
MARCUS   Nein, nein, das ist ein Mißverständnis und tut mir
wirklich leid!
CAPULET   Das Mißverständnis habe ich vor Augen!
Die Gräfin her auf meine Seite!
MARCUS   Verzichtet lieber auf den Wunsch
und sucht so schnell Ihr könnt das Weite!

CAPULET	Von einem Pfaffen laß' ich mir nicht droh'n! Gebt
	die Gräfin raus,
	sonst blas' ich Euch die Lichter aus!
MARCUS	Wie Ihr wollt! Da habt Ihr sie!

Bruder Marcus läßt Gräfin Capulet los, die sich vom Mantel der Pariser befreit und ihren Gatten erblickt. Der wiederum erkennt seine Frau.

CAPULET/	
GRÄFIN CAP.	Aaaaaaaaaaaaaaaaaaaaaaah!
GRÄFIN CAP.	Was machst du denn hier?!
CAPULET	Ich … äh … bin zur Eh'beratung hier!
GRÄFIN CAP.	Zur Eh'beratung? In meinem Cocktailkleid?!
CAPULET	Ja natürlich, denn der Bruder hier hat mir erklärt,
	daß es bei uns'rer abgestorb'nen Ehe
	einen Rollenwechsel braucht, damit man wieder sich begehrt!
MARCUS	*zu sich* Was hab' ich gemacht?
GRÄFIN CAP.	*lüstern* Heinrich! Mir graut vor dir!
CAPULET	Gut, dann ab nach Haus', denn wenn ich mich nicht bald
	entspanne,
	läuft mir noch über meine Kanne!

Graf und Gräfin Capulet ab.

MARCUS	Herr im Himmel, hab' Dank für diese Wendung!

Auftritt Graf Capulet.

CAPULET	Bruder Marcus!
MARCUS	Ja?
CAPULET	Wenn Gräfin Pariser kommt, sagt ihr,
	ihre Unverlässlichkeit verdoppelt ihre Schuld!

Auftritt Gräfin Capulet.

GRÄFIN CAP.	Heinrich, wo bleibst du denn?!
CAPULET	Ich komme ja, ich komme ja!

Graf Capulet ab.

GRÄFIN CAP.   Bruder Marcus!
MARCUS   Ja?
GRÄFIN CAP.   Wenn Gräfin Pariser kommt, sagt ihr,
    ihr Fehltritt verdoppelt nun den Preis!

Gräfin Capulet ab.

MARCUS   So, zwei Probleme sind vom Tisch!

Auftritt Gräfin Pariser und Pater Lorenzo, der halb entkleidet ist.

LORENZO   Oh, ich bitt' dich, Rose von Verona, einmal ist doch
    keinmal!

Gräfin Pariser und Pater Lorenzo ab.

MARCUS   Oh Gott, Pater! Widersteht der Anfechtung!
    Widersteht der Anfechtung …

Bruder Marcus ab.

III. AKT – 9. Szene

Kirche

Auftritt Julius, in Frauenkleidern. Er hat ein Fläschchen in der Hand.

JULIUS   Diesen gift'gen Trank,
    den in der Kräuterküche ich der Patres hab' gefunden,
    werde ich jetzt zu mir nehmen,
    dann bin von der alten Gräfin ich entbunden.
    So lebt denn wohl, ihr Eltern!
    Leb' wohl, Romeo!
    Leb' wohl, Leben!

Er will trinken, doch das Fläschchen ist leer.

JULIUS　　　　Mist! Tausend Pillen für die Gicht,
　　　　　　　doch für 'nen Selbstmord reicht es nicht.

Julius ab.

III. AKT – 10. Szene

Kirche

Auftritt Romeo und Fürstin, Romeo in den Kleidern der Amme,
Fürstin in den Kleidern eines Bettlers.

FÜRSTIN　　　Und du bist sicher, Amme, dies Unerhörte,
　　　　　　　was du mir lang und breit geschildert,
　　　　　　　findet heut' hier im Geheimen statt?
ROMEO　　　　Oh meine Fürstin, ich vernahm es doch mit eig'nen Ohren!
FÜRSTIN　　　Eine Frau mit einer Frau! Mein Verona ist verloren!
　　　　　　　Wird das im ganzen Land bekannt,
　　　　　　　ist mein Nam' europaweit verbrannt.
　　　　　　　Damit dies nicht geschieht,
　　　　　　　werd' ich selbst den Fall incognito nun untersuchen,
　　　　　　　und alle, die beteiligt sind, verbannen und verfluchen!
　　　　　　　Such' den Pater jetzt und bring' ihn her,
　　　　　　　ihn will als Ersten ich befragen!
ROMEO　　　　Ja, meine Fürstin.

Romeo ab. Auftritt Amme, in Romeos Kleidern. Sie bemerkt die
Fürstin nicht.

AMME　　　　Oh, wie die Liebe schön durch meine Adern fließt,
　　　　　　　und mein Herz voll Freude sie begrüßt.
FÜRSTIN　　　*zu sich* Beim Himmel, wer ist das denn jetzt?
AMME　　　　Und nun komm', du Quelle meines späten Glücks,
　　　　　　　voller Sehnsucht wart' ich nur auf dich.

FÜRSTIN   *zu sich* Auch das noch – ein liebestoller, alter Knacker!
AMME   Komm', du meine große Liebe,
                komm' und laß' mich nicht im Stich!
FÜRSTIN   *zu sich* Wer die Angebetete auch immer ist,
                hier kann er sie nicht treffen. *laut* Mein Herr!
AMME   *zu sich* Oh, das ist gewiß incognito
                mein heiß geliebter Schatz „Mercutio"!
                So will ich, bevor er kann mich nah beäugen,
                ihn davon, daß ich Romeo bin, mit aller Kraft nun
                                                    überzeugen!

Die Amme zieht den Hut tief ins Gesicht und spricht mit tiefer Stimme.

AMME   Mercutio, ich weiß, ich habe oft dich abgewiesen,
                doch hintenrum hab' ich dich stets gepriesen.
                Du weißt, ich bin ein Mann. Und ein Mann zeigt nicht
                                                    Gefühle,
                doch alles, was ich fühle, hat immer dich zum Ziele.
                Nein, sag' nichts, sag' nur noch „ja" zu jener Frage,
                die uns beide führt nun in die waagerechte Lage.
FÜRSTIN   Um Gottes Willen!
AMME   Ja, Gottes Wille steht auf uns'rer Seit',
                und hinter dem Altar auch schon ein Bett bereit!
FÜRSTIN   Unglaublich!
AMME   Aber wahr!
                Und sind wir erst ein Paar,
                verschwinden wir aus dieser Stadt,
                bevor die Fürstin was erfahren hat.
FÜRSTIN   Zu spät!

Die Fürstin offenbart sich.

AMME   Oh, nein! Die Fürstin höchstpersönlich!
FÜRSTIN   Oh, ja! Und die Fürstin gibt sich unversöhnlich,
                denn sie ist schockiert, daß in ihrem guten, alten Reich,
                offensichtlich massenhaft zusammentut sich gleich
                                                    und gleich.

AMME	Nein, nein, ich kann das alles ganz genau erklären!
	Es ist ganz anders, als Ihr denkt!
FÜRSTIN	Wer seid Ihr, Herr, 'raus mit der Sprache,
	da Ihr sonst am nächsten Baume henkt!
AMME	Ich bin doch nur ein kleines Licht,
	da lohnt sich doch der Aufwand nicht!

Die Amme offenbart sich.

FÜRSTIN	Amme! Du? Was soll die Maskerade?
AMME	*in einem Atemzug gesprochen*
	Das wollt' erklären ich ja gerade!
	Ich zog die Kleider eines Mannes an,
	weil ich den, den ich begehre, als Frau nicht kriegen kann,
	denn der, den ich begehre, steht nur auf jenen Mann,
	dessen Kleider ich hab' an,
	drum zog ich dessen Kleider an,
	damit ich leichter komme 'ran
	an den von mir begehrten Mann.

Kleine Pause.

FÜRSTIN	Das leuchtet ein.
	Aber wer zum Teufel steckt denn nun in deinem Kleide?
AMME	Oh Fürstin, da Ihr mich so freundlich drängt,
	bin ich richtig froh,
	Euch zu nennen „Romeo".

III. AKT – 11. Szene

Kirche

Auftritt Romeo, in den Kleidern der Amme.

ROMEO	Fürstin! Der Pater, es tut mir herzlich leid,
	ist nicht zu finden weit und breit.

FÜRSTIN	Nicht so schlimm, dafür ging ins Netz mir ein Verbrecher,
	für den sich Tybalt wünscht 'nen möglichst blut'gen
	Rächer!
ROMEO	Was?
FÜRSTIN	Die Maske runter, Romeo!
ROMEO	Oh, glaubt mir, Fürstin, auch mich macht des Tybalts
	Schädigung nicht froh!
	Da er jedoch die Manneskraft zuvor nahm auch Benvolio,
	schlug quasi doch die höhere Gerechtigkeit
	durch mich des Tybalts Eier breit!
FÜRSTIN	Die höhere Gerechtigkeit in diesem Land bin ich,
	und als solche verbanne für die Tat ich dich!
ROMEO	Was auch immer dafür spricht, daß Ihr mich jetzt verbannt,
	ich hab' ein Argument mit viel Gewicht,
	das dafür spricht,
	daß Ihr mich laßt im Land.
FÜRSTIN	So? Welches denn?
ROMEO	Eine spezielle Sorte Wunderkraut,
	das, frisch geraucht, im Geiste Himmelsschlösser baut!
	Schon nach zwei, drei Zügen
	hat das Gefühl man, im Paradies zu liegen.
	Und da im Lande herrscht viel Unzufriedenheit,
	wär' das Kräutlein staatlich zu verbreiten durchaus
	sehr gescheit.
	Davon abgeseh'n, brächt' der Vertrieb der
	Rauchkrautmassen
	'nen kräft'gen Zusatzgeldstrom in die klammen
	Landeskassen!
FÜRSTIN	Was du da vorschlägst, hat die höhere Gerechtigkeit
	begradigt:
	Du bist begnadigt.
	Wann kriege ich das Wunderkraut?
ROMEO	Sobald Ihr offiziell bestätigt, daß ich mit Julia bin getraut.
FÜRSTIN	Was? Du bist verheiratet mit Julia?
ROMEO	Ja, aber ganz geheim
	und deshalb ohne Eheschein.
FÜRSTIN	Also was ich wem hier glauben soll, ich nicht mehr
	recht ersehe.

ROMEO	Ich bitt' Euch, Fürstin, glaubet mir,
	wenn nicht, fragt Julia, sie ist schon in der Kirche hier!
FÜRSTIN	Nun gut, ich frage sie, und wenn es stimmt, kriegt ihr
	auch einen Eheschein.
	Doch will ich dafür dann beim Wunderkraut das
	Monopol und den Profit allein!
ROMEO	Ich sage „Ja" ganz unbeschwert,
	denn Julias Liebe ist's mir wert.
FÜRSTIN	Dann komm', mit jeder Minute, die wir hier verprassen,
	leeren weiter sich des Landes Kassen!

Romeo und Fürstin ab.

AMME	Ich muß Julius warnen,
	um das Blatt zu wenden!
	Denn sonst wird dieses Spiel
	vielleicht noch böse enden!

Amme ab.

III. AKT – 12. Szene

Kirche

Auftritt Bruder Marcus und Julius, Julius ein riesiges Messer wetzend und in Frauenkleidern wie bisher.

JULIUS	Nein, nein, nein, solange ich lebendig bin, gibt die
	Pariser keine Ruhe!
	Doch eh' die mich kriegt, steig' ich lieber in die Truhe!
MARCUS	Aber Julia, hört mich doch erstmal an!
JULIUS	Nein, lebt wohl, weil ich nicht anders kann!

Julius erhebt das Messer. Bruder Marcus entwendet es ihm.

JULIUS	Wie Ihr wollt, dann häng' ich halt am Glockenstrick mich auf!
MARCUS	Aber vielleicht ist das gar nicht notwendig, weil das Gescheh'n noch nimmt 'nen guten Lauf!
JULIUS	Welcher gute Lauf sollt' das denn jetzt noch sein?

Auftritt Pater Lorenzo und Gräfin Pariser. Sie verfolgt ihn, beide sind nur noch dürftig bekleidet.

PARISER	Mein Gärtner, du, erhör' mein Flehen, ohne daß wir nochmals gärtnern, kann ich nicht von dir gehen!

Gräfin Pariser und Pater Lorenzo ab.

MARCUS	Dieser gute Lauf!
JULIUS	Aber dann bin ich ja, statt an die Gräfin bald gekettet, frei nun doch noch und gerettet!

Auftritt Amme, nun in Frauenkleidern wie gewohnt.

AMME	Julius, Julius!
MARCUS	*zu sich* Julius?
AMME	Die Fürstin ist hier! Du sollst die Eh' mit Romeo ihr offiziell bestätigen!
JULIUS	Wo ist der Glockenstrick – ich muß mich autoaggressiv betätigen!
AMME	Halt, vielleicht gibt's eine Lösung noch, bevor du steigst ins Grabesloch!
JULIUS	Also gut, aber bringt auch diese Lösung mir kein Glück, hängst bald du am Glockenstrick!
ROMEO	*von draußen* Juliaaaaa!
JULIUS	Bruder Marcus, haltet Romeo und die Fürstin auf!
MARCUS	Dann kommt ein Päckchen Rauchkraut aber noch auf die Lief'rung oben drauf!
JULIUS	Dann hängt ja bald der ganze Vatikan im Tran.

Amme und Julius ab.

Auftritt Romeo und Fürstin.

ROMEO	Bruder Marcus, habt Ihr Julia geseh'n?
MARCUS	Wie? Was? Ich kann Euch nicht versteh'n!
FÜRSTIN	Er hat gefragt, wo Julia ist!
MARCUS	Ach, Julia, die, ja, wartet mal …

MARCUS Ich glaub', die hat gerad' das Jesusbildchen am Altar geküßt.
Ach, nein, nein, halt, ich sah sie in der Sakristei.
Nein, Moment, sie ging an des Paters Zelle gerad' vorbei.
Halt, jetzt weiß ich's wieder, ich vernahm gerad'
                                                ihren Duft
unten in der Kirchengruft!

ROMEO *zur Fürstin* Er weiß ganz sicher was, doch sagt er's nicht!
Was also tun, daß er sein Schweigen bricht?

FÜRSTIN *zu Romeo* Leiht Eure Hand der höheren Gerechtigkeit
und schlagt ihm seine Eier breit!

MARCUS Neiiiiiiin!

Bruder Marcus ab. Auftritt Julius, jetzt wieder in Männerkleidung.

JULIUS Ha, Romeo, du Hundesohn,
nun bist du dran, denn ungenehmigt nahmst zur Frau du,
                                        Julia, meine Schwester!

ROMEO Ich rat' dir, mild're deinen Ton,
denn deine Schwester wollt' auch mich, mein Bester!

JULIUS Lüge, drum mild're meinen Ton ich erst, wenn ich dir
                                        den Leib zerstochen!

FÜRSTIN Das läßt du sein, sonst brech' ich dir die Knochen!
Diese Ehe ist von Staatsinteresse,
und wer hier was dagegen hat, den steck' ich in die
                                                Folterpresse!
Und nun laßt uns die Julia finden!

Auftritt Amme.

AMME	Ich fand sie schon, und sie gab mir diesen Brief
	für Romeo!
FÜRSTIN	Her damit!
	„Lieber Romeo, ich hätte gern mit dir gefröhnet
	allen Sünden,
	doch eine and're starke Stimm' in mir,
	ruft mich in die weite Welt und damit weg von dir!
	Treffen wir uns später einmal wieder,
	öffne ich dir gern mein Mieder!
	Leb' wohl und vertrag' mit meinem Bruder Julius dich!
	Tausend Küsse
	auf die Nüsse.
	Deine Julia."
ROMEO	So gibt's denn niemand auf der Welt, der mich
	wahrhaftig liebt?!

Auftritt Mercutio, in Frauenkleidern und mit sehr weiblichen Formen.

MERCUTIO	Doch, ich liebe dich!
ALLE	*im Chor* Mercutio!
MERCUTIO	Ab heut' nur noch „Mercutia"! Denn ich bin einer, der
	alles für dich gibt!
	So hat ein Fleischermeister, der nach dem Rinderwahn
	sich neu hat orientiert,
	mir für dich 'nen Weiberleib erschaffen, der nun von dir
	will sein verführt!
AMME	Da nun mir flöten ging mein spätes Glück,
	zieh' ich mich tapfer hier zurück.
	Denn das Tor zur holden Zweisamkeit
	heißt „akzeptierte Einsamkeit".

Amme ab.

ROMEO	Für Enthaltsamkeit und solch Verzicht
	bin ich bereit noch lange nicht.
	Drum erlaubet mir, oh Fürstin,
	daß ich Mercutia nehme mir zur Braut.
FÜRSTIN	Nur wenn mir bleibt das Wunderkraut!
ROMEO	Das soll Euch gerne bleiben,
	kann ich's nur endlich einmal treiben!
FÜRSTIN	Ich sag' ja immer: Man muß dem Chaos Raume geben,
	dann fügt sich alles gut im Leben!
	Dann fehlt jetzt nur noch der, der euch den Segen gibt

Auftritt Pater Lorenzo.

LORENZO	Hier ist er schon im Nu.
	Und weil auch er ist frisch verliebt,
	gibt zur Doppelhochzeit er sich den Segen gleich dazu!

Auftritt Gräfin Pariser.

| PARISER | Was für ein Finale! |

Pater Lorenzo und Gräfin Pariser geben sich einen Kuß. Alle stimmen den Hochzeitsmarsch an und gehen dann singend ab.

ENDE

Weitere Texte der Woesner Brothers ...

Ingo Woesner
Amadeus Löffel auf dem Weg zum Glück
Ein Roman über die Liebe

Amadeus Löffel, Student der Geschichte im zweiundzwanzigsten Semester, lebt allein. Mit seinem Goldhamster. Im Grunde könnte er glücklich sein, fehlte ihm zu seinem Glück nicht der Punkt auf dem „i": eine Frau. Aber entweder floh ihn das Glück, oder es mieden ihn die Frauen. Vielleicht sogar beides. Wie sonst ließe sich erklären, daß Amadeus auf seine zahlreichen Kontaktanzeigen nicht eine einzige Antwort erhielt. Und so schien es, als würde er allein bleiben müssen bis ans Ende seines Daseins. Doch eines Tages lag in seinem Postkasten ein rosaroter Brief – eine geheimnisvolle Einladung zu einem geheimnisvollen Rendezvous ...

Ab Herbst 2008 im Buchhandel!

Ralph Woesner
Die ausgehungerte Nonne
Frivole Verse für Volljährige

Dreiundsiebzig schräge Gedichte und Sprüche über das, was wir Menschen so gern das „Leben" nennen. Kostprobe gefällig?

Die kecke Schnecke

Eine kleine nackte Schnecke / kroch einmal durch eine Hecke.
Doch da im Drecke in der Hecke / saß auch eine böse Zecke!
Die Zecke hatte nichts gegessen / und war auf warmes Blut versessen
und dachte sich: ‚Die kleine Schnecke / bring' ich mal eben um die Ecke,
auf dass ihr warmes Blut mir schmecke.'. / Nur wollt' die kleine Schnecke eben
noch ein bißchen weiterleben / und begann mit lautem Weinen,
sich bei der Zecke einzuschleimen. / Die Zecke, empfänglich für den Schleim,
ging der Schnecke auf den Leim / und hatte dadurch bald vergessen,
worauf sie eigentlich versessen. / So dass am Schluss die kleine Schnecke
noch mal entkam der Mörderzecke! / Und die Moral von der Geschicht:
So schlecht ist Schleimen manchmal nicht!

**Überall zu bestellen, wo es Bücher gibt – Bestellnummer:
ISBN-13: 978-3-8334-9850-3**

Woesner Brothers
FAUST – Die Komödie
Eine Satyre

Gott hat ein Problem: die Menschheit. Dabei hatte er sich seine Schöpfung so schön harmonisch gedacht. Aber ausgerechnet die Menschen, die Krone seines großen Werkes, geraten auf die schiefe Bahn. Und der Schlimmste der Menschen ist FAUST. Besessen von der Idee, die Schöpfung zu verbessern, möchte er jetzt sogar einen Menschen erschaffen.

Also schickt Gott Mephisto, seinen ewigen Widersacher, in geheimer Mission zur Erde, um die Welt vor dem wahnsinnigen Wissenschaftler zu retten. Doch damit hat er den Bock zum Gärtner gemacht. Denn wenn ausgerechnet der Teufel das Böse zum Guten wenden soll, ist fröhliches Chaos schon programmiert …

Der klassische Faust-Stoff in neuem Gewand!

16 Figuren, 7 Darsteller (2 Damen, 5 Herren)

Überall zu bestellen, wo es Bücher gibt – Bestellnummer: ISBN-13: 978-3-8370-2657-3

Woesner Brothers
Zwei Genies am Rande des Wahnsinns
Ein komödiantisches Kammerspiel

In der grotesken Geschichte treffen sich zwei verkrachte Gestalten – ein Komiker in Geldnot und ein heruntergekommener Staatsschauspieler – auf einer Probebühne und versuchen vor anwesendem Publikum, das sie für faulenzende Bühnenarbeiter und Putzkräfte halten, einen Kleinkunst-Auftritt zu erarbeiten.

Doch beide gehen mit sehr unterschiedlichen Annahmen an die Arbeit: Der Komiker glaubt, die Veranstaltung sei eine Hochzeit. Und der Staatsschauspieler hat von seinem Agenten erfahren, es ginge um eine Beerdigung. So beginnt die Probe schon bald einen von Mißverständnissen und skurriler Situationskomik geprägten Verlauf zu nehmen, der unter Einbeziehung der „Bühnenarbeiter" und der „Putzkräfte" auf ein katastrophales Ende zusteuert …

2 Figuren (2 Herren)

Überall zu bestellen, wo es Bücher gibt – Bestellnummer: ISBN-13: 978-3-8370-5566-5

Woesner Brothers
Körper, Mumien, Welten
Eine rabenschwarze Komödie

Leipzig, im Jahre 1884: Obergeheimrat Staub, Direktor des anatomischen Institutes, ärgert sich über den schlechten Ruf seines Hauses – es sei eine Menschenfleischerei. Ein Tag der offenen Tür mit sensationellen Präparaten wird geplant, um dem Gerede ein Ende zu machen. Der junge Anatom Dietrich von Dunkel, dessen Fähigkeiten von der Presse in den höchsten Tönen gelobt werden, soll einen Menschenaffen lebensecht präparieren. Aber was der Direktor nicht weiß: Der gute Ruf des Herrn von Dunkel trügt – die Presseberichte sind gekauft. Von Dunkel hat bislang lediglich Kleinstnagetiere präpariert und sieht jetzt seine große Chance, einen Wink des Schicksals, um seiner revolutionären anatomischen Vision zum Durchbruch zu verhelfen und sich unsterblich zu machen …

7 Figuren (2 Damen, 5 Herren)

Woesner Brothers
Amphitryons Hörner oder
Beiß mich, kratz mich, gib mir Tiernamen
Eine Komödie – sehr frei nach Molière

Jeder Theatermacher kennt das Amphitryon-Thema, das seit der Antike immer wieder Autoren dazu veranlaßt hat, Bühnentexte zu schreiben – mit Plautus, Molière, Kleist und Giraudoux waren berühmte Namen darunter.

Trotzdem ist es reizvoll, die Möglichkeiten des Stoffes dramaturgisch und sprachlich aus heutigem Blickwinkel zu gestalten. Das Figurenensemble wurde verkleinert, die Geschichte dichter erzählt, die Verse pointierter und drastischer gesetzt, die Konflikte mit überraschenden Wendungen auf die Spitze getrieben und der Schluß radikaler gelöst. So ist eine Komödie entstanden, über die die „Berliner Morgenpost" schrieb: *„Die wievielte Variante des … Stoffes die Woesner Brothers … kreiert haben, ist nicht bekannt. Eines aber ist klar: Die Zwillingsbrüder Ingo und Ralph Woesner haben der Geschichte mit neuen Reimen die zotig-derbe Krone aufgesetzt."*

9 Figuren, 5 Darsteller (2 Damen, 3 Herren)

**Überall zu bestellen, wo es Bücher gibt – Bestellnummer:
ISBN-13: 978-3-8370-5567-2**

Woesner Brothers

Hamlet ausser Kontrolle

Eine Boulevard-Komödie

Nach mehreren fulminanten Flops plant Stefan Spülburg, mittelmäßiger Filmregisseur mit großen Ambitionen und noch größeren Geldsorgen, seinen ganz großen Durchbruch: die Verfilmung des Shakespeare-Klassikers „Hamlet". Tausende und abertausende Schüler werden in die Kinos strömen ... Die Schüler werden ihre Eltern und Großeltern in den Film schicken ... Schließlich wird eine ganze Nation im Hamlet Fieber sein ...

Spülburg ist clever: Er weiß, dass Herzblut und ein guter Stoff alleine heutzutage nicht mehr ausreichen. Nur mit bekannten Film- und Fernsehstars ist der Erfolg bei Kritik, Publikum und an der Kinokasse zu schaffen. Deshalb verpflichtet er einige der beliebtesten deutschen Kinogrößen. Um deren saftige Gagen zu finanzieren, spart er an allen anderen Ecken und stellt für Crew und Nebenrollen die billigste und gleichzeitig untalentierteste Truppe zusammen, die überhaupt zu kriegen ist. Doch schon am ersten Drehtag ist die Katastrophe perfekt, und alles läuft ganz anders, als Spülburg es sich gewünscht hat …

10 Figuren (2 Damen, 5 Herren)

Überall zu bestellen, wo es Bücher gibt – Bestellnummer: ISBN-13: 978-3-8370-5568-9

Was hier noch nicht steht, findet sich unter:
www.woesner-texte.de

Die Woesner Brothers

Die in Berlin-Mitte geborenen Zwillingsbrüder kamen, wie so viele, über Umwege zur Kunst. Nach einer Facharbeiterausbildung schlugen sie sich zunächst mit den unterschiedlichsten Jobs durchs Leben, als Pförtner, Telegrammbote, Kurierfahrer, Verkäufer und Telefonist.

Parallel dazu standen sie auf Ostberliner Amateur-Bühnen und „machten Quatsch". Von 1987 bis 1992 studierten sie dann an der Hochschule für Schauspielkunst „Ernst Busch" in Berlin. Und waren danach – unabhängig voneinander – an verschiedenen Theatern in Ost und West als Schauspieler, später auch als Regisseure und Autoren engagiert.

Seit Mitte der 90er Jahre arbeiteten Ingo und Ralph Woesner freiberuflich und sammelten dabei wertvolle Erfahrungen im Kulturmanagement und im TV-Bereich als Schauspieler, Caster (Ingo Woesner), Autor und Producer (Ralph Woesner), wovon sie heute bei ihren eigenen Projekten stark profitieren. Im Herbst 2001 gründeten sie schließlich ihre Theaterproduktion **„Woesner Brothers Entertainment"** und begannen, gemeinsam Bühnenprojekte außerhalb subventionierter Theaterbetriebe zu produzieren.

Seit 2001 haben sie sich auf zahlreichen Bühnen in ganz Deutschland einen Namen gemacht: mit komödiantisch inszenierten alten und neuen Klassikern, klassischer Komik des 20. Jahrhunderts, Komödien aus eigener Feder und – last but not least – mit ihren Kleinkunst- und Comedy-Programmen.

Mehr unter:
www.woesner-brothers.de